19. Juin 1761.

RECUEIL
DE PIÉCES,

CONTRAT de Vente de 240000 Arpens de terres dans le Marquisat de Certes, Sénéchaussée de Bordeaux, contenant 52 lieues de superficie.

AUTRE Contrat de Conventions pour un Etablissement de Marais Salans, & l'Arrêt du Conseil qui l'autorise.

PROCES-VERBAL qui vérifie la bonté du Terrein, pour toutes sortes de Productions.

ARREST du Conseil d'Etat du Roy, revêtu de Lettres Patentes, qui accorde tous les Priviléges & Exemptions à la Compagnie, leurs Associés & Cultivateurs.

PROSPECTUS de l'état de l'Affaire, & de la distribution en Colonies, & autres Piéces relatives.

A PARIS,
De l'Imprimerie, de PRAULT, Quay de Gêvres. au Paradis.

M. DCC. LXII.

PROSPECTUS.

Une Compagnie de Patriotes, distingués par leur zèle & leur intelligence à suivre le systême de la véritable œconomie, s'engage aujourd'hui de nous prouver que ce n'est pas infructueusement que l'on travaille depuis plusieurs années à diriger les vûes de la Nation du côté de l'Agriculture, cet Art si essentiel & trop longtems négligé.

Une vaste étendue de terrein inculte qui contient environ deux cens quarante mille arpens, & qui fait une partie des Domaines du Marquisat de Certes, situé dans la Sénéchaussée de Bordeaux, vient de lui être abandonnée en toute propriété par un contrat de vente dont les clauses ne sauroient manquer de contribuer efficacement à l'avantage personnel des Acquereurs, à l'utilité particuliere de quelques Provinces, & par une heureuse suite de rapports, au bien commun de l'Etat.

Quoi de plus favorable, par exemple, au projet de ces dignes Citoyens que d'entrer en possession du pouvoir d'ériger la vingtiéme partie de ces friches, soit en fiefs, arriere-fiefs, soit en droits de justice, d'y établir, suivant le besoin & à leur volonté, des Manufactures, des Moulins, des Pressoirs, des Fours bannaux, des Colombiers, des Foires, des Marchés, & de jouir d'une exemption générale de tous les droits de lods & ventes dans les premieres mutations ou échanges qui pourront être faites. Pour peu que l'on soit initié dans les sages mystères de l'œconomie, on sentira facilement tout le prix de pareilles prérogatives.

Une entreprise de cette importance, dans laquelle l'intérêt particulier vient nécessairement se confondre avec l'intérêt public, n'a point échappé à l'attention du gouvernement dont elle a obtenu les suffrages les plus flateurs. Sa Majesté, toujours empressée de saisir l'occasion de réparer les pertes & de multiplier les moyens d'aisance, a approuvé & confirmé cette vente par un Arrêt de son Conseil d'Etat, donné le premier du mois de Juin dernier, & revêtu de Lettres-Patentes. A cette premiere marque de sa protection souveraine, le Roi a voulu joindre un autre témoignage de sa bienfaisance très-capable de soutenir la noble ardeur & de seconder les opérations de cette courageuse Compagnie dans le cours de ses défrichemens.

Sa Majesté, par le même Arrêt de confirmation, a ordonné 1°. que les Cultivateurs de ces terreins vagues soient exempts de Tailles & autres impôts réels, personnels & mixtes pendant quarante années consécutives. 2°. Elle fixe à dix sols seulement les droits de controlle de toutes sortes de contrats, ventes, échanges, mutations, partages & autres actes quelconques rélatifs au succès de ce plan d'amélioriffement. 3°. Elle reduit à un denier par arpent les droits d'insinuation, de centiéme denier & de demi-centiéme denier. 4°. Elle accorde aux non-nobles la jouissance, pendant l'espace de quarante ans, des francs-fiefs pour les baux par eux faits relativement à ladite exploitation, quoiqu'ils soient passés pour un terme au-dessus de neuf années jusqu'à vi gt-sept années. 5°. Le dernier Article renouvelle les priviléges accordés par l'Edit de Henri IV. du mois de Janvier 1607. à ceux qui avoient travaillé au dééssèchement des Marais. Les Etrangers qui auront été occupés, pendant trois années, à la culture de ces friches feront dès-lors réputés Regnicoles, & jouiront de toutes les prérogatives qui résultent des lettres de naturalité. Ils auront une liberté entiére d'établir leur domicile dans tel endroit de la France qu'ils desireront, & d'y exercer telle profession que bon leur semblera, sans qu'ils puissent rien perdre de leurs droits.

Sous des auspices aussi favorables, cette Compagnie agricole va s'empresser de prendre les dernieres mesures pour entamer son utile entreprise. Quel avantage supérieur cette nouvelle culture ne doit-elle pas procurer à l'Etat dont elle peut facilement augmenter la population de plus de trois cent mille

Citoyens ! Car quelle abondance de denrées de toute espèce ne produira pas cette vaste étendue de terrein ? Plus de cent mille têtes de gros bétail pourront, après quelques années de travaux, bondir dans ces belles Prairies. Et puisqu'il est démontré que le nombre des Habitans d'un pays est toujours en proportion avec la quantité de la subsistance qu'on y trouve, n'a-t-on pas lieu de se promettre que les familles se multiplieront considérablement sitôt que l'on entre dans un certain calcul des bleds de toute sorte qui seront recueillis dans ces grands défrichemens ? Que de chanvres, que de légumes, que de bois, que d'arbres fruitiers l'on sera maître de cultiver ! Combien de Manufactures qui exploiteront les laines & les soyeries du canton, ne pourra-t-on pas établir ! Combien le voisinage de la mer n'offrira-t-il pas de voyes également promptes & faciles pour la vente & le transport de tous les objets d'échange & de consommation !

Il ne s'agit donc maintenant que de rassembler des bras qui veuillent s'occuper de l'exécution de ce plan. Comme MM. Vallet de Sallignac & Chaulce de Chazelle les premiers Entrepreneurs, avant de conclure l'acquisition de ces friches, ont fait usage de tous les moyens possibles pour s'assurer de leur qualité & qu'après un examen Physique des lieux & certaines expériences plusieurs fois répetées, ils ont reconnu la valeur intrinseque du sol qui reçoit les influences du plus beau Ciel; loin de prétendre par l'esprit d'une politique trop dure, assujettir tous les Cultivateurs qui se présenteront à une même Loi, ils déclarent que leur volonté est de se conformer aux engagemens raisonnables qui leur seront proposés de quelque nature qu'ils puissent être. Si les Colons souhaitent d'être employés à la journée, la Compagnie acquiscera sans nulle difficulté à leur demande. S'ils préferent de recevoir des gages annuels, il leur seront accordés. Au cas que quelques-uns aiment mieux affermer un certain canton de ce terrein, le bail leur en sera passé aux conditions les plus avantageuses. Cette liberté facile qui regnera dans le cours de toutes ces opérations pourroit-elle n'être pas couronnée du succès ?

La Compagnie pense, d'après une distribution générale & raisonnée de tout le terrein, qu'il seroit d'une sage œconomie d'établir successivement seize ou dix-sept cent métairies. Elle assigneroit à chacune une seule piéce de terre d'environ cent ou cent cinquante journaux. Elle observeroit de placer l'habitation du Laboureur, les granges, les écuries, les jardins & la pépiniere au milieu de ce Domaine, dont une moitié seroit convertie en terres labourables, & l'autre moitié employée à la culture des paturages & des bois. Les Entrepreneurs s'obligeront de fournir aux Fermiers le bétail qui leur sera nécessaire pour les premiers exploitations.

Suivant la disposition de ce plan œconomique, il résulte que le seul emplacement des habitations, des granges & des écuries occuperoit environ six mille arpens. Il y en auroit cinq mille qui seroient employés en jardins & en potagers. Cent dix mille seroient mis en terres labourables, quatre-vingt mille seroient cultivés en prairies, tant naturelles, qu'artificielles. Vingt mille seroient couverts de Bois; douze mille porteroient des Chanvres, des Lins, &c. Quatre mille seroient employés en chemins, canaux, cours d'eau & bouches de mer. Trois mille enfin seroient destinés aux places publiques, foires, marchés, &c. Tel à peu près, pourroit être l'emploi de ces deux cens quarante mille arpens.

P.S. On donne avis aux personnes qui voudroient prendre des concessions, de s'adresser à M. Vallet de Sallignac, l'un des principaux Associés, & Trésorier général de ladite Compagnie d'Agriculture. Sa demeure est à Paris, rue des vieux Augustins.

Permis d'imprimer. Ce vingt-trois Juin mil sept cent soixante-deux. DE SARTINE.

A PARIS. De l'Imprimerie de PRAULT, Quai de Gêvres, au Paradis.

CONVENTIONS

RELATIVES A LA VENTE DE DEUX cent quarante mille arpens de Terre dans la Sénéchaussée de Bordeaux.

Du 19 Juin 1761.

PARDEVANT LES CONSEILLERS du Roi, Notaires au Châtelet de Paris soussignés, furent présens Très-haute & Très-puissante Dame Madame Marie-Françoise de Pardaillan de Gondrin-d'Antin, Epouse & Procuratrice autorisée spécialement à l'effet des présentes, de Très-haut & Très-puissant Seigneur, Monseigneur Emery-François de Durfort, Marquis de Civrac, Colonel du Régiment Royal des Vaisseaux, Menin de Monseigneur le Dauphin, suivant sa Procuration passée devant Me. Bronod le jeune, l'un des Notaires soussignés, qui en a minutte, & son Confrere; le 4 Mai dernier, demeurante à Paris rue S. Guillaume, Fauxbourg S. Germain, Paroisse S. Sulpice, d'une part.

Sieur Joseph-François de Moriencourt, ancien Officier au

Régiment de Condé Cavalerie, demeurant rue des Fossés M. le Prince, Paroisse S. Cosme, & Pierre Vallet de Sallignac, Ecuyer, Seigneur de Mons, la Puysade & autres lieux, demeurant à Paris, rue des Vieux Augustins, Paroisse S. Eustache stipulans tant pour eux que pour leurs Associés, sous le nom e de Moriencour, de Sallignac, & Compagnie, d'autre part.

Lesquelles Parties sont convenues & demeurées d'accord des clauses & conventions suivantes, pour ne valoir que d'une seule & même chose avec celles portées par l'Acte de Concession passé par ladite Dame Marquise de Civrac, audit nom, auxdits Sieurs de Moriencourt, de Sallignac & Compagnie, devant les Notaires à Paris, soussignés ce jourd'hui; lequel Acte sera exécuté en tout son contenu, à l'exception seulement des clauses auxquelles il est spécialement & expressément dérogé par le présent Acte.

ARTICLE PREMIER.

ENCORE que par l'Article premier dudit Acte de Concession, ladite Dame Marquise de Civrac audit nom, ait concedé auxdits Sieurs de Moriencourt, de Sallignac & Compagnie, la totalité des Terres incultes, vaines, vagues, landes & marais qui dépendent & font partie de sa Terre & Seigneurie de Certes, néanmoins en restraignant & dérogeant audit Article, ladite Dame Marquise de Civrac audit nom, déclare, & lesdits Sieurs de Moriencourt, de Sallignac & Compagnie, reconnoissent que toutes les terres au bord de la mer, le long du Bassin d'Arcachon, ainsi que les Isles & Islots étant dans la mer, & dépendantes de ladite Terre & Seigneurie de Certes, encore que lesdites terres & isles soient actuellement vaines & vagues, & incultes, ne sont concedées auxdits Sieurs de Moriencourt, de Sallignac & Compagnie, qu'aux conditions, exceptions & réserves stipulées par le présent Acte.

ARTICLE II.

Ladite Dame Marquise de Civrac audit nom, réserve audit Seigneur, Marquis de Civrac, ses héritiers, successeurs &

ayant causes, le droit d'établir à son profit & à ses frais, dans l'Isle & Pré de Brane, & dans les presqu'isles de Bazaillan & Maléprat telle quantité de Marais salans qu'il jugera à propos; & réserve pareillement audit Seigneur le droit d'établir à son profit & à ses frais, en terre ferme dans l'étendue du Terrein concedé, le long de la mer & du Bassin d'Arcachon, la quantité de deux cens livres de Marais salans, à l'effet de quoi le terrein pour ce nécessaire, même celui nécessaire pour donner aux Sauniers & ouvriers destinés aux travaux desdits Marais salans, demeure dès à présent, excepté de ladite concession.

ARTICLE III.

Le surplus du Terrein propre à faire des Marais salans appartiendra auxdits sieurs de Moriencourt, de Sallignac & Compagnie, leurs héritiers, successeurs & ayant causes, sous la condition, ainsi qu'ils s'y obligent, de le mettre en nature & produit de Marais salans, & d'y faire travailler à leurs frais un an après la paix, tréve générale ou cessation d'hostilités en Europe, & sans interruption, ensorte que tout ledit terrein propre à faire des Marais salans soit fait & parfait & en nature de produit dans neuf années, à compter du jour de la paix, tréve générale ou cessation d'hostilités en Europe, à condition toutes fois qu'ils n'en feront empêchés par aucunes oppositions quelconques, ni par aucune difficulté ou inconvéniens résultans de la nature du terrein, ou autres cas non prévus, lesquelles oppositions ou empêchemens généralement quelconques, ils seront tenus de dénoncer audit Seigneur Marquis de Civrac, afin qu'il travaille de concert avec lesdits sieurs de Moriencourt, de Sallignac & Compagnie, leurs héritiers, successeurs ou ayans causes, ainsi que ladite Dame Marquise de Civrac audit nom s'y oblige, sans néanmoins aucune garantie de sa part, à faire lever lesdites oppositions ou empêchemens, ou que l'impossibilité ou difficulté de construire lesdits Marais salans étant reconnues de part & d'autre, lesdites Parties puissent de concert & d'accord en abandonner la construction comme impraticable.

ARTICLE IV.

Ladite Dame Marquise de Civrac, audit nom, se propose d'obtenir incessamment un Arrêt du Conseil d'Etat du Roi, tant pour autoriser l'établissement desdits Marais salans, que pour les décharger, s'il est possible, de la totalité, ou de partie des droits dûs à Sa Majesté; & si au jour de la paix, tréve générale & cessation d'hostilités en Europe, ledit Arrêt du Conseil n'étoit obtenu, le délai d'une année pour le commencement des travaux, & de neuf années pour les mettre à fin, stipulé par l'Article précédent, ne commenceront à courir que du jour dudit Arrêt du Conseil.

ARTICLE V.

Ladite Dame Marquise de Civrac, audit nom, & lesdits sieurs de Moriencourt, de Sallignac, & Compagnie, feront incessamment & le plûtôt qu'il sera possible travailler & la reconnoissance & désignation des terreins propres à construire des Marais salans, à l'effet de quoi, aussi-tôt après l'obtention de l'Arrêt du Conseil ils seront tenus de nommer de part & d'autre des gens à ce connoissans, & de leur donner tout pouvoir nécessaire pour en dresser l'état ou procès-verbal, soit judiciairement, soit double sous seing privé, dont les frais seront supportés par moitié.

ARTICLE VI.

Aussitôt après la reconnoissance & désignation des terreins propres à faire des Marais salans, ladite Dame Marquise de Civrac, audit nom, & lesdits sieurs de Moriencourt, de Sallignac & Compagnie, s'obligent de faire travailler à la division dudit terrein, & le choix des deux cent livres de Marais salans reservés en terre ferme par ladite Dame Marquise de Civrac audit nom, se fera alternativement avec la Compagnie par partie de cinquante livres, c'est-à-dire, que ledit Seigneur Marquis de Civrac prendra & choisira d'abord un terrain propre à construire cinquante livres de Marais salans dans tel endroit qu'il jugera nécessaire avec une portion de terrein suffisante pour loger les Saulniers & Ouvriers, ou pour leur accorder pour leur subsistance, ainsi qu'il est d'usage, ensuite lesdits sieurs de Moriencourt, de Sallignac & Compagnie prendront pareilles portions de terrein pour cinquante livres de Marais salans, aussi dans tel endroit qu'ils jugeront à propos avec pareille étendue de terrein pour les Saulniers ou Ouvriers : ensuite mondit Seigneur. Marquis de Civrac fera un pareil choix aussi dans tel endroit qu'il voudra, & ainsi alternativement chacun à son égard jusqu'au complétement des deux cent livres de Marais salans réservés par madite Dame Marquise de Civrac, audit nom en terre ferme, & sans aucune difficulté de part & d'autre.

ARTICLE VII.

Jusqu'à ce que la division du terrein reconnu propre à faire des Marais salans soit faite, ainsi qu'il est ci-dessus dit, lesdits sieurs de Moriencourt, de Sallignac & Compagnie, leurs héritiers, successeurs ou ayans causes ne pourront vendre, céder, transporter ni échanger aucune partie dudit terrein reconnu propre à faire des Marais salans, à personne quelconque, sans le consentement exprès & par écrit dudit Seigneur Marquis de Civrac, ainsi qu'ils s'y obligent, & respectivement madite Dame Marquise de Civrac, audit nom, oblige ledit Seigneur son mari, ses héritiers, successeurs & ayans causes de ne pouvoir vendre, ceder, transporter ni affermer aucune portion dudit terrein sans le consentement exprès & par écrit desdits sieurs de Moriencourt, de Sallignac & Compagnie, & de leurs héritiers, successeurs ou ayans causes : & ladite division une fois faite chacun pourra disposer du terrein échu dans son lot, à la charge toutes fois par lesdits sieurs de Moriencourt, de Sallignac, & Compagnie, leurs héritiers, successeurs ou ayans causes d'assujettir les acquereurs à toutes les clauses portées par le présent acte, & notamment à la construction & établissement des Marais salans dans les délais & aux charges portées par le présent acte.

ARTICLE VIII.

En attendant l'établissement desdits Marais salans, lesdits sieurs de Moriencourt, de Sallignac & Compagnie, leurs héritiers, successeurs ou ayans causes, jouiront sans aucune charge ni redevance quelconque, des prés & pacages qui sont dans lesdits terreins reconnus propres à faire des Marais salans, à l'exception des Parties affermées, expressement réservées audit Seigneur Marquis de Civrac par l'Article premier dudit acte de concession ; & toutefois ne pourront faire aucun établissement dans l'étendue dudit terrein reconnu popre à faire des Marais salans ni même faire dans le surplus dudit terrein, concedé par l'acte de ce jour, aucun établissement nuisible à la construction desdits Marais salans, ni à l'exportation & commerce des Sels.

ARTICLE IX.

Tout le terrein qui sera employé en Marais salans ne payera aucun cens audit Seigneur Marquis de Civrac, mais seulement une redevance annuelle & perpétuelle, directe & Seigneuriale du onziéme du produit annuel desdits Marais salans, c'est-à-dire, que sur onze muids de Sel il en appartiendra un muid audit Seihneur Marquis de Civrac, franc & quitte de tous frais, soit pour le payement des Sauniers & Ouvriers, soit pour toutes autres dépenses, avances & déboursés, sauf les droits du Roi, ainsi qu'il sera dit ci-après ; laquelle redevance du onziéme il sera libre audit Seigneur de prendre en nature lors de l'esme ou estimation à la fin de chaque saunaison, ou en argent au prix courant après la vente que la Compagnie aura faite des Sels à elle appartenans lorsqu'elle jugera à propos de les vendre, & cela depuis le mois de Mai, jusqu'au mois d'Octobre de chaque année, laquelle redevance sera payée & commencera d'avoir lieu d'abord que le tout ou partie desdits Marais salans sera en nature de produit, soit que lesdits sieurs de Moriencourt, de Sallignac & Compagnie y fassent travailler incessamment ou seulement après la paix, étant toutefois convenu que dans le cas où ledit Seigneur, Marquis de Civrac ne pourroit pas obtenir de Sa Majesté la décharge entiere des droits à lui dûs, il en ſupportera ſa part à raiſon du onziéme.

ARTICLE X.

Il eſt expreſſement convenu qu'aucune partie du terrein reconnu propre à faire des Marais ſalans, ne ſera en fief, & que la totalité ſera tenue en roture & ſujette aux droits & devoirs ſeigneuriaux, de telle nature & dénomination qu'ils puiſſent être à chaque mutation, ainſi & de la maniere qu'ils ſont dûs, ſuivant l'uſage & coutume du lieu où leſdits terreins ſont ſitués, ſauf toutes fois les exemptions portées par les Articles ſeize & dix-ſept de l'acte de ceſſion, deſquelles exemptions leſdits ſieurs de Moriencourt, de Sallignac & Compagnie, leurs héritiers, ſucceſſeurs & ayans cauſes, jouiront pour leſdits Marais ſalans, comme ſi leſdites exemptions étoient portées par le préſent acte.

ARTICLE XI.

Dans le cas où ledit Seigneur, Marquis de Civrac ne pourroit pas obtenir dans le temps & eſpace de trois ans de ce jour, la permiſſion & faculté d'établir leſdits Marais ſalans, audit cas la totalité du terrein reconnu propre à la conſtruction deſdits Marais ſalans, ſera remis de plein droit au ſurplus des Terres incultes, Vaines & Vagues, Landes & Marais, pour être ſujet aux mêmes charges de cens & droits de mutation & à toutes les autres conditions portées par l'acte de conceſſion de ce jour, ce qui aura pareillement lieu ſi lors d'établiſſement deſdits Marais ſalans, il ſe rencontroit des difficultés, ſoit par des ſources d'eau-douce, ou autres empêchemens, laquelle condition de la réunion dudit terrein propre à faire des Marais ſalans, dans les deux cas ci-deſſus exprimés, forme une des conditions eſſentielles du traité fait par leſdits ſieurs de Moriencourt, de Sallignac & Compagnie, avec ledit Seigneur Marquis de Civrac, & ſans laquelle ledit traité n'eût été fait.

ARTICLE XII.

Ne pourront toutes fois lesdits sieurs de Moriencourt, de Sallignac & Compagnie, leurs héritiers, successeurs & ayans causes, à perpetuité, obtenir seuls & sans la participation dudit Seigneur Marquis de Civrac, & de ses héritiers, successeurs & ayans causes, la permission & faculté d'établir lesdits Marais salans, & si ils obtenoient, ils seroient tenus de délaisser audit Seigneur Marquis de Civrac, ses héritiers, successeurs & ayans causes, la quantité nécessaire de terrein de la maniere ci-dessus convenue pour construire lesdites deux cent livres de Marais salans ci-dessus réservées, & seroient aussi tenus de lui payer le onziéme du produit de ceux qu'ils feroient construire; le tout aussi de la maniere ci-dessus convenue. Et si par la suite lesdits sieurs de Moriencourt, de Sallignac & Compagnie, leurs héritiers, successeurs & ayans causes, construisoient des Marais salans dans d'autres parties dudit terrein concedé par l'acte de ce jour, autres que celles qui seront reconnues propres à cet effet, en exécution de l'Article cinq, ils payeront également audit Seigneur Marquis de Civrac, ses héritiers, successeurs & ayans causes, le onziéme du produit de la maniere ci-dessus convenue.

ARTICLE XIII.

Si à l'expiration des neuf années après la paix, trêve générale ou cessation d'hostilités en Europe, ou du jour de l'Arrêt du Conseil, en cas qu'il ne soit obtenu que postérieurement, suivant le délai fixé par les Articles trois & quatre du présent traité, lesdits sieurs de Moriencourt, de Sallignac & Compagnie, leurs héritiers, successeurs ou ayans causes, n'ont pas mis en nature & produit de Marais salans, la quantité de terrein qui y sera reconnue propre, ledit Seigneur Marquis de Civrac, ses héritiers, successeurs & ayans causes, rentreront de plein droit dans la propriété dudit terrien non-travaillé, à condition toutesfois de le faire mettre en nature de produit de Marais salans, & non pour employer à aucun autre usage.

ARTICLE XIV.

Ladite Dame Marquise de Civrac, audit nom, reserve audit Seigneur son mari, ses héritiers successeurs & ayans, causes, le droit d'établir des Claires ou Parcqs pour des Huitres-vertes le long des Taillées des Marais salans par lui réservées, & pareillement lesdits sieurs de Moriencourt, de Sallignac & Compagnie, leurs héritiers, successeurs & ayans causes, auront pareil droit d'établir des Claires ou Parcqs pour des Huitres-vertes le long des Taillées des Marais salans qui leur appartiendront.

ARTICLE XV.

Ladite Dame Marquise de Civrac, audit nom, promet de se joindre auxdits sieurs de Moriencourt, de Sallignac & Compagnie, pour parvenir à l'obtention de l'exemption de la disme Ecclésiastique dans la totalité du terrein concedé, comme Terre nouvellement cultivée, sans néanmoins qu'en aucun cas il puisse y avoir lieu à aucune indemnité contre ledit Seigneur Marquis de Civrac, quand bien même ladite exemption ne seroit pas accordée.

Car ainsi, & pour l'exécution des présentes, les Parties ont élu domiciles en leurs demeures ci-devant déclarées, auxquels lieux, nonobstant, promettant, obligeant respectivement, chacun en droit soi, renonçant. Fait & passé à Paris, en la demeure de ladite Dame Marquise de Civrac, sus désignée, l'an mil sept cent soixante-un, le dix neuviéme jour de Juin avant midi, & ont signé la minutte des Présentes, de meurée audit Me. Bronod, jeune Notaire. *Signé*, DUMOULIN, BRONOD. Scellé lesdits jour & an.

EXTRAIT des Registres du Conseil d'Etat.

Du 22 Décembre 1761.

SUR LA REQUESTE PRESENTÉE AU ROY EN SON CONSEIL par Emery de Durfort, Comte de Civraç, Menin de Monsieur le Dauphin, Maréchal des

Conventions.

Camps & Armées de Sa Majesté, ci-devant Colonel du Régiment des Vaisseaux, Seigneur de Certes, Généralité de Bordeaux. CONTENANT, que dans sa Terre de Certes, il y a des terreins vagues & incultes sur le bord du Bassin d'Arcachon, & sur le bord de la Mer de l'Ocean, qui seroient très-propres à faire des Marais Salans; que par les épreuves qu'il en a fait faire, les Examinateurs ont trouvé que ceux qui sont situés sur le bord du Bassin d'Arcachon étoient de très-bonne qualité, & qu'il y avoit aussi beaucoup de ces terreins sur le bourd de l'Ocean propres à être en Marais Salans, en sorte que du tout, on en pourroit tirer deux à trois cens livres, outre les avantages qui résulteroient de cet établissement en faveur du Suppliant, en ce que ces terreins sont incultes & ne produisent rien, c'est que l'avantage public s'y trouve réuni; cette partie est située dans les Landes de Bordeaux, qui sont désertes par le peu de ressource qu'on y trouve. Au moyen de cet établissement & de l'occupation qu'y trouveroient les Habitans, il s'y formera des établissemens, ce qui sera très-utile pour les Passagers. C'est sur ces mêmes motifs que Sa Majesté permit il y a quelques années un pareil établissement à Souillac, qui est dans le voisinage. Les motifs étant les mêmes, le Suppliant se flate que Sa Majesté voudra bien lui accorder la même grace. Requeroit A CES CAUSES, le Suppliant qu'il plût à Sa Majesté lui permettre d'établir des Marais Salans sur les terres incultes dépendantes de sa Seigneurie de Certes, qui sont situées sur le bord du Bassin d'Arcachon, & sur celles qui sont situées sur le bord de l'Ocean qui s'y touveront propres; en conséquence lui accorder les mêmes Privilèges dont jouissent les Propriétaires de pareils établissemens. Veu ladite Requête signée Boucher, Avocat du Suppliant, ensemble l'avis du Sieur Intendant & Commissaire départi en la Généralité de Bordeaux. OUI le rapport du Sieur Bertin, Conseiller ordinaire au Conseil Royal, Contrôleur Général des Finances. LE ROY EN SON CONSEIL, a permis & permet au Suppliant d'établir des Marais Salans sur les terres incultes dépendantes de sa Seigneurie de Certes, situées sur le bord du Bassin d'Arcachon, ensemble sur celles qui sont situées sur le bord de l'Ocean, qui se trouveront propres audit établissement, à la charge néanmoins, que les ſels qui proviendront deſdits Marois Salans ſeront aſſujettis au payement des mêmes droits que ceux qui ſe perçoivent ſur les ſels des Marais Salans du Pays de Médoc. Fait au Conſeil d'Etat du Roi, tenu à Verſailles le vingt-deux Décembre mil ſept cent ſoixante-un. *Signé*, DE VOUGNY Collationné avec paraphe.

Collationné par Nous Ecuyer, Conſeiller-Sécretaire du Roi, Maiſon, Couronne de France & de ſes Finances, ſur l'Original, en parchemin rendu. LEGRAS.

CONCESSION ET ABANDON

DE DEUX CENS QUARANTE MILLE *Arpens de Terres dans la Sénéchaussée de Bordeaux.*

Du 19 Juin 1761.

ARDEVANT LES CONSEILLERS DU ROI, Notaires au Châtelel de Paris, soussignés, furent présens très-haute & très-puissante Dame Madame Marie-Françoise de Pardaillant de Gondrin-d'Antin, épouse & procuratrice autorisée spécialement à l'effet des présentes de très-haut & très-puissant Seigneur, Monseigneur Emery-François de Dufort, Marquis de Civrac, Colonel du Régiment Royal des Vaisseaux, Menin de Monseigneur le Dauphin, suivant sa Procuration passée devant Bronod le jeune, l'un des Notaires soussignés, qui en a minute, & son Confrere, le 4

A

3

Mai dernier, demeurante à Paris, rue Saint Guillaume, Faux-bourg Saint Germain, Paroiſſe Saint Sulpice, d'une part.

Sieur Joſeph-François de Moriencourt, ancien Officier au Régiment de Condé Cavalerie, demeurant rue des Foſſés Monſieur le Prince, Paroiſſe Saint Côme : Et Pierre Vallet de Sallignac, Ecuyer, Seigneur de Mons, la Puiſade, & autres lieux, demeurant à Paris, rue des Vieux-Auguſtins, Paroiſſe Saint Euſtache, ſtipulans, tant pour eux que pour leurs Aſſociés, ſous le nom de Moriencourt, de Sallignac & Compagnie, d'autre part.

Leſquelles Parties ſont convenues & demeurées d'accord de ce qui ſuit; c'eſt à ſçavoir,

ARTICLE PREMIER.

La Dame Marquiſe de Civrac audit nom, concéde & abondonne auxdits Sieurs de Moriencourt, de Sallignac & Compagnie, ce acceptans pour, par eux, leurs Aſſociés, ſucceſſeurs, leurs héritiers & ayans cauſes, en jouir, faire & diſpoſer en toute propriété, & à perpétuité, vendre, céder & tranſporter, échanger, ou autrement en uſer, généralement toutes les Terres incultes, Vaines & Vagues, Landes & Marais qui dépendent & font partie de la Terre & Seigneurie de Certes, ſituée dans la Sénéchauſſée de Bordeaux, ladite Seigneurie relevant immédiatement du Roi : leſdites Terres incultes, Vaines & Vagues, Landes & Marais, compoſant environt la quantité de deux cens quarante mille arpens, plus ou moins, ſuivant l'arpentage qui en ſera fait ci-après; déclarant ladite Dame Marquiſe de Civrac audit nom, qu'elle n'entend point comprendre dans ladite conceſſion, & ſe réſerve ſpécialement le Pré de Brâne, qui eſt Iſle, & qui affermé 700 liv. par an, ainſi qu'une autre petite partie formée de deux Preſqu'Iſles appellées Bazaillan & Maſéprat, & généralement ſans exception toutes les autres Terres préſentement en valeur ou affermées, qui dépendent & font partie de ſa Terre & Seigneurie de Certes.

ARTICLE II.

Ladite Dame Marquise de Civrac, tant en sadite qualité de fondée de Procuration dudit Seigneur son mari, qu'en son nom personnel, & solidairement en chacun desdits noms, sous les renonciations au bénéfice de droit, promet de garantir auxdits Sieurs de Moriencourt, de Sallignac & Compagnie, leurs successeurs & ayans causes, la propriété & jouissance dudit Terrein concédé à perpétuité, avec toute garantie, tant de fait que de droit, de tous troubles, aliénations, évictions, substitutions, & de tous autres empêchemens généralement quelconques.

ARTICLE III.

Ladite Concession est faite par madite Dame Marquise de Civrac audit nom, fondée de Procuration dudit Seigneur son mari; sçavoir, à titre d'inféodation en Fief noble jusqu'à concurrence de la vingtiéme partie du Terrein qui se trouvera, suivant l'arpentage qui sera fait ci-après, & à titre d'accensement annuel & perpétuel pour les dix-neuf autres vingtiémes en roture, & en outre aux autres clauses, & conditions ci-après exprimées.

ARTICLE IV.

Ladite Dame Marquise de Civrac audit nom, oblige ledit Seigneur Marquis de Civrac de faire faire à ses frais & dépens, d'ici au jour & fête de Noël prochain, l'arpentage dudit Terrein concédé, ainsi que la plantation des bornes pour le séparer, soit des Terreins des Seigneurs voisins, soit des autres Terreins dudit Seigneur Marquis de Civrac, duquel arpentage, ainsi que du Plan figuratif dudit Terrein concédé, contenant seulement la désignation des tenans & aboussans, ledit Seigneur Marquis de Civrac sera tenu de remettre des expéditions en forme auxdits Sieurs de Moriencourt & de Sallignac, & Compagnie, ou à l'un d'eux, au jour & fête de Noël prochain; étant toutefois convenu que s'il étoit reconnu, par les Experts & Arpenteurs nommés de part & d'autre pour faire ledit artage, qu'il est impossible de consommer ladite opération avant ledit jour & fête de Noël; audit cas lesdits Sieurs de Moriencourt, de Sallignac & Compagnie, ne pourront prétendre aucune indemnité, ni reculer l'époque du payement du Cens ci-après convenu, pourvu qu'audit jour & fête de Noël prochain on ait fait l'arpentage, reconnoissance & désignation de cent mille arpens, & que le surplus dudit arpentage & autres opérations y relatives soient consommées avant le jour & fête de Noël 1762, & lesdits arpentages, reconnoissance & désignation seront commencées dans l'endroit qui sera désigné par lesdits Sieurs de Moriencourt, de Sallignac & Compagnie, étant toutefois convenu qu'ils pourront se remettre en possession de la totalité dudit Terrein, à compter de ce jour.

ARTICLE V.

Ledit Seigneur Marquis de Civrac fera planter les bornes en bois de chêne d'un pied ou environ de diamettre, & de six pieds de hauteur, dont deux pieds seront en terre, & quatre pieds en dehors, & pourra le faire planter à distances éloignées autant que faire se pourra, attendu l'immensité du Terrein, & du moment que la plantation desdites bornes aura été constatée par ledit Procès-verbal d'arpentage, lesdits Sieurs de Moriencourt, de Sallignac & Compagnie, leurs héritiers, successeurs & ayans causes, seront tenus de les entretenir à perpétuité.

ARTICLE VI.

Toute division dudit Terrein concédé, que lesdits Sieurs de Moriencort, de Sallignac & Compagnie, leurs héritiers, successeurs & ayans causes pourront faire pour leurs établissemens particuliers, ainsi que la plantation des bornes pour séparer les différentes Colonies, Habitations ou Domaines, même pour l'assiette & désignation des Fiefs nobles, se feront à leurs frais, & ils demeureront pareillement chargés de les entretenir à perpétuité.

ARTICLE VII.

L'arpentage dudit Terrein concédé sera fait à la mesure de Roi, qui est de cent perches pour arpent, vingt-deux pieds pour perche, & douze pouces pour pied, par les Experts ou Arpenteurs que ledit Seigneur Marquis de Civrac choisira, & qui seront à ses frais ; lesquels il sera tenu de nommer & leur donner tous pouvoirs à ce nécessaires, dans un mois de ce jour, & en la présence d'un ou de plusieurs Experts ou Arpenteurs, dont lesdits Sieurs Moriencourt, de Sallignac & Compagnie conviendront, lesquels ils seront tenus de nommer, & leur donner tous pouvoirs à ce nécessaires, aussi dans un mois de ce jour, & lesquels seront à leurs frais.

ARTICLE VIII.

Les grands chemins publics étant actuellement dans les Terreins concédés, ne sont point compris dans la présente Concession, & lesdits Sieurs de Moriencourt, de Sallignac & Compagnie, leurs héritiers, successeurs & ayans causes, seront tenus de les laisser subsister, & ne pourront les changer que du consentement dudit Seigneur Marquis de Civrac, & de tous autres qui pourroient y avoir droit, sans toutefois à cet égard être tenus d'aucuns autres entretiens que celui dont les Colons & Habitans sont tenus suivant les Loix & Ordonnances de Sa Majesté.

ARTICLE IX.

Pourront toutefois lesdits Sieurs de Moriencourt, de Sallignac & Compagnie, établir de nouveaux grands chemins publics & vicinaux, à leurs frais, sur lesdits Terreins concédés seulement, & en faire la disposition ainsi qu'ils aviseront, sauf les droits dudit Seigneur Marquis de Civrac, comme Seigneur dominant, & en cette qualité ayant la Police des grands chemins publics dans l'étendue de sa Seigneurie, pour en jouir suivant les Loix & Ordonnances du Royaume, sans aucun droit particulier de Péage, Passage, Travers, ni aucun autre droit quelconque, & dans aucun cas, ledit Seigneur Marquis de Civrac ne pourra être astraint à l'entretien desdits grands chemins publics & vicinaux, duquel lesdits Sieurs de Moriencour, de Sallignac & Compagnie, leurs héritiers, successeurs & ayans cause, pourront si bon leur semble charger les Communautés & Habitans, chacun dans leur territoire.

ARTICLE X.

Ladite Dame Marquise de Civrac audit nom, concéde le droit auxdits Sieurs de Moriencourt, de Sallignac & Compagnie, à leurs héritiers, successeurs & ayans causes, de faire planter, même à son exclusion, lesdits grands chemins publics & vicinaux, d'arbres utiles de toutes espéces, ainsi qu'ils le jugeront à propos, tant dans les grands chemins actuellement subsistans, que dans ceux qui pourront être faits par la suite, & ce dans l'étendue du Terrein concédé seulement; lesquels arbres appartiendront en toute propriété auxdits Sieurs de Moriencourt, de Sallignac & Compagnie, leurs héritiers, successeurs & ayans causes, lesquels pourront céder & transporter ledit droit aux particuliers qui acquéreront, ou aux Colonies & Communautés qui seront formées, pour en jouir à perpétuité.

ARTICLE XI.

Les grands chemins publics & vicinaux, qui seront faits par lesdits Sieurs de Moriencourt, de Sallignac & Compagnie, leurs successeurs, héritiers ou ayans causes, ne seront plus sujets au Cens ci-après stipulé, toutefois jusqu'à la concurrence de neuf mille arpens seulement; & s'ils excédoient, le surplus seroit sujet au Cens ci-après expliqué, en attendant la formation desdits grands chemins, ladite Dame Marquise de Civrac audit nom, & lesdits Sieurs de Moriencourt, de Sallignac & Compagnie, ont fixé provisoirement le Terrein desdits grands chemins à la quantité de neuf mille arpens, dont sera fait provisoirement déduction sur la totalité du Terrein concédé, jusqu'à la division dudit Terrein, au fur & à mesure de laquelle le Terrein non compris dans les grands chemins publics, sera sujet audit Cens, sans que lesdits Sieurs de Moriencourt, de Sallignac & Compagnie, leurs successeurs, héritiers ou ayans causes, puissent prétendre aucune exemption, quand même lesdits grands chemins publics & vicinaux ne contiendroient pas la quantité de neuf mille arpens.

ARTICLE XII.

Ladite Dame Marquise de Civrac audit nom, promet & oblige ledit Seigneur Marquis de Civrac, de désigner à la premiere réquisition desdits Sieurs de Moriencourt, de Sallignac & Compagnie, les Fiefs nobles composant la vingtiéme partie du Terrein concédé, au fur & à mesure que les Etablissemens ou Colonies se formeront, en autant de Fiefs que lesdits Sieurs de Moriencourt, de Sallignac & Compagnie désireront, en telle portion du Terrein concédé qu'ils aviseront; pourvu toutefois qu'ils ne soient pas plus proche du Château & Maison noble de Berganthon, d'une lieue & demie ou deux lieues, pour ne pas gêner le Seigneur.

ARTICLE XIII.

La vingtiéme partie du Terrein concédé, que ladite Dame Marquise de Civrac, audit nom, concéde & abandonne à titre d'inféodation en Fiefs nobles, ne sera sujette à aucun Cens ni redevance annuelle quelconque, sous quelque dénomination que ce puisse être, & quand même l'usage & le droit en seroit établi par la Coûtume ou Usage du lieu, où lesdits Fiefs seront situés; mais lesdits Fiefs seront sujets à la Foi & Hommage envers ledit Seigneur Marquis de Civrac, ses successeurs & ayant causes, à cause de sa Seigneurie de Certes, comme dominante, & aux droits Seigneuriaux, de quelque nature qu'ils puissent être dûs au Seigneur dominant, ou qu'il a droit d'exercer à chaque mutation, suivant les Usages & Coûtumes de la situation desdits Fiefs; & lesdits sieurs de Moriencourt, de Sallignac & Compagnie, leurs successeurs & ayant causes, propriétaires desdits Fiefs, en jouiront ainsi qu'en jouissent les propriétaires de semblables Fiefs, suivant les Usages & Coûtumes du lieu où ils seront situés, sauf l'Exemption ci-dessus, & celles ci après portées par les articles XVI. & XVII.; consentant ladite Dame Marquise de Civrac, audit nom, que lesdits sieurs de Moriencourt, de Sallignac & Compagnie, leurs héritiers, successeurs & ayans causes, jouissent de tous droits de Moyenne & Basse Justice, de Bannalité, de Colombier, de Garenne, de Chasse & Pêche, dans l'étendue desdits Fiefs; même qu'ils puissent faire & créer des Arriéres-Fiefs; à condition toutefois que la premiere division desdits Fiefs primitifs sera faite en vingt-quatre Fiefs au moins, ou en plus grand nombre, à la volonté desdits sieurs de Moriencourt, de Sallignac & Compagnie, lesquels seront distincts entr'eux, & subsistans indépendamment les uns des autres; sous laquelle condition lesdits Arriéres-Fiefs releveront des Fiefs primitifs, en tous droits, fruits & profits, & seront toutefois reportés audit Seigneur Marquis de Civrac, ses héritiers, successeurs & ayant causes, avec le Fief primitif; consentant ladite Dame Marquise de Civrac audit nom, que lesdits sieurs de Moriencourt, de Sallignac & Compagnie, leurs héritiers, successeurs & ayans causes, obtiennent de Sa Majesté tous Arrêts du Conseil & Lettres Patentes pour la concession & confirmation desdits droits.

ARTICLE XIV.

Tout le surplus dudit Terrein concédé, après distraction faite du vingtiéme, qui est concédé à titre d'inféodation, & de ce qui se trouvera compris dans les Grands chemins publics & vicinaux, fixés provisoirement à neuf mille arpens, sera tenu en roture, & sujet à un Cens Seigneurial de deux sols ou vingt-quatre deniers par chacun arpent, direct, annuel, perpétuel, non rachetable, exempt de toutes retenues & impositions, porté & rendu au Château & Maison noble de Berganthon, au jour & fête de Noël de chacune année, sans aucune autre redevance quelconque; ledit Cens portant Lods & Ventes, & tous autres droits de mutations, suivant les Usages & Coûtumes où lesdits Terreins sont situés, sauf les Exemptions ci-après portées par les articles XVI. & XVII.

ARTICLE

ARTICLE XV.

Ledit Cens ne commencera toutefois de courir & avoir lieu qu'après les neuf premieres années expirées & révolues, à compter du jour de Noël de la présente année; c'est-à-dire, à commencer du jour de Noël 1770, pour la premiere année échoir, & le payement en être fait au jour & fête de Noël 1771, & ensuite continuer d'année en année à perpétuité; ladite Dame Marquise de Civrac audit nom, tant pour ledit Seigneur son mari, que pour ses successeurs, héritiers ou ayans causes, déchargeant lesdits sieurs de Moriencourt, de Sallignac & Compagnie, leurs héritiers, successeurs & ayans causes, du payement dudit Cens pendant les neuf premieres années.

ARTICLE XVI.

Ladite Dame Marquise de Civrac audit nom, tant pour ledit Seigneur Marquis de Civrac, que pour ses héritiers, successeurs & ayans causes, décharge & affranchit lesdits sieurs de Moriencourt, de Sallignac & Compagnie, & ceux qui acquéreront d'eux, du payement des Lods & Ventes, & de tous autres droits de mutation, pour les premieres Ventes seulement qui se feront, tant des Fiefs nobles, que des Terres en roture, & de tous les Établissemens généralement quelconques qu'ils feront.

ARTICLE XVII.

Pareillement ladite De Marquise de Civrac audit nom, tant pour ledit Seigneur Marquis de Civrac, que pour ses héritiers, successeurs & ayans causes, décharge & affranchit lesdits Srs. de Moriencourt, de Sallignac & Compagnie, même ceux avec qui ils pourroient faire des échanges, encore qu'ils fussent Tenanciers & Censitaires dudit Seigneur Marquis de Civrac, du payement de tous droits d'échange qui pourroient être dus audit Seigneur Marquis de Civrac, pour les premiers échanges seulement qui se feront, tant des Fiefs nobles, que des Terres en roture, & de tous autres Etablissemens généralement quelconques, sans toutefois que dans le cas où il ne seroit dû audit Seigneur Marquis de Civrac aucuns droits d'échange, lesdits sieurs de Moriencourt, de Sallignac & Compagnie & autres, puissent prétendre aucune indemnité, pour raison de l'Exemption stipulée par le présent article.

ARTICLE XVIII.

L'Exemption des droits de Lods & Ventes, & de tous autres droits de mutation pour les premieres Ventes, & celle des droits d'Echange pour les premiers Echanges, pourront se cumuler pour un même objet; ensorte qu'un Terrein qui, lors de la premiere Vente aura été exempt de tous droits de mutation, sera aussi exempt des droits d'Echange, si le premier Acquéreur en dispose à ce titre & respectivement; mais le Terrein qui aura une fois profité desdites Exemptions, ne pourra jouir une seconde fois de l'Exemption de même nature, en tout ni en partie, quand même depuis la premiere mutation on y auroit fait de nouveaux Etablissemens.

ARTICLE XIX.

Ladite Dame de Civrac audit nom, concéde auxdits sieurs de Moriencourt, de Sallignac & Compagnie, leurs héritiers, successeurs ou ayans causes, en qualité de Colons & Habitans de ladite terre de Certes, le droit de faire paître leurs Bestiaux, sans aucune charge ni redevance, dans les Communaux qui sont établis ou pourront l'être par la suite hors du Terrein concédé, pour en jouir conjointement avec les autres Colons ou Habitans qui peuvent en avoir droit; lequel droit présentement concédé, lesdits sieurs de Moriencourt, de Sallignac & Compagnie, feront valoir, ainsi qu'ils aviseront, à leurs risques, périls & fortunes, sans pouvoir même, à défaut de jouissance dudit droit, prétendre aucune indemnité contre ledit Seigneur Marquis de Civrac; ladite Dame Marquise de Civrac audit nom, n'entendant par la présente Concession préjudicier ni déroger aux Concessions précédemment faites hors dudit Terrein concédé; & en cas de contestation dudit droit, lesdits sieurs de

Moriencourt, de Sallignac & Compagnie, leurs héritiers, successeurs & ayans causes, ne pourront mettre en cause ledit Seigneur Marquis de Civrac, ses héritiers, successeurs & ayans causes, qui ne seront tenus d'intervenir aux Procès qui pourroient s'élever au sujet dudit droit que madite Dame Marquise de Civrac n'entend concéder, qu'ainsi & jusqu'à concurrence de ce dont ledit Seigneur Marquis de Civrac peut en avoir le droit.

ARTICLE XX.

Ladite Dame Marquise de Civrac, audit nom, accorde & concéde auxdits sieurs de Moriencourt, de Sallignac & Compagnie, leurs héritiers, successeurs & ayant causes, pendant seize années seulement, à compter de jour, le droit de couper & exploiter dans les Bois particuliers de mondit Seigneur Marquis de Civrac, dépendant de sa Terre & Seigneurie de Certes; encore que lesdits Bois soient hors du terrein concédé, les quatre cinquiémes de tous les arbres de pin & de sapin seulement qui se trouveront dans lesdits Bois, & qui leur seront nécessaires pour la construction des Maisons, granges, écuries, moulins, fabriques, manufactures, & pour tous les autres établissemens qu'ils jugeront à propos de faire, sans que ledit Seigneur Marquis de Civrac, ses héritiers, successeurs & ayant causes, puissent rien exiger pour lesdits Bois; à quoi madite Dame Marquise de Civrac, audit nom, tant pour ledit Seigneur Marquis de Civrac, ses successeurs, héritiers ou ayans causes, renonce dès à-présent.

ARTICLE XXI.

Le cinquiéme desdits arbres de pin & sapin demeuré expressément réservé audit Seigneur Marquis de Civrac, pour employer, ainsi qu'il avisera, & lesdits sieurs de Moriencourt, Valet de Salignac & Compagnie, leurs héritiers, successeurs, & ayans causes, ne pourront couper & exploiter aucuns desdits arbres, qu'en se conformant aux Ordonnances des Eaux & Forêts, & qu'après qu'ils auront été marqués par une personne préposée à cet effet par ledit Seigneur Marquis de Civrac, à la premiere requisition desdits sieurs de Moriencourt de Sallignac & Compagnie, dont sera délivré procès-verbal, ainsi que de la délivrance desdits bois, aux frais desdits sieurs de Moriencourt, de Sallignac & Compagnie; bien entendu qu'à l'égard de tous les arbres qui se trouveront dans la totalité du terrein concédé lesdits sieurs de Moriencourt, de Sallignac & Compagnie, leurs héritiers, successeurs & ayans causes, en jouiront & disposeront ainsi qu'ils aviseront, & comme de choses à eux appartenantes.

ARTICLE XXII.

Lesdits sieurs de Moriencourt, de Sallignac & Compagnie, leurs successeurs, héritiers ou ayans causes, pourront mettre le terrein concédé en toutes sortes de nature de produit, sans exception, & auront le droit de détruire sur ledit terrein concédé tous les animaux & bêtes fauves qui seront nuisibles à leurs établissemens, comme aussi auront le droit de faire dans ledit terrein concédé telles novations & changemens qu'ils jugeront à propos, d'y faire construire des moulins & fours de toute espèce, pressoirs, foulons, papeteries, fabriques, manufactures, & généralement tous autres établissemens exprimés & non exprimés en ces Présentes, qu'ils jugeront convenables, tant dans l'intérieur dudit terrein concédé, que sur les bouches de mer, rivieres, ruisseaux, canaux & cours d'eau qui sont actuellement existans, ou qui pourront être creusés par la suite; sur lesquelles bouches de mer, rivieres, ruisseaux, canaux & cours d'eau faits ou à faire, ils pourront pareillement établir toute navigation & commerce, comme aussi auront le droit d'établir des foires & marchés publics; le tout en se conformant par lesdits sieurs de Moriencourt, de Sallignac & Compagnie, aux Ordonnances de Sa Majesté, & en obtenant par eux, à leurs frais, tous Arrêts du Conseil & Lettres-Patentes à ce nécessaires.

ARTICLE XXIII.

Tous les établissemens désignés dans l'article précédent,

même exprimés & non-exprimés en ces Présentes, qui seront faits par lesdits sieurs de Moriencourt, de Sallignac & Compagnie, leurs héritiers, successeurs & ayans causes, seront exempts de tous droits envers ledit Seigneur Marquis de Civrac, ses héritiers, successeurs & ayans causes, autres que lesdits cens & les droits de mutation de la manière ci dessus stipulés, renonçant même mondit Seigneur Marquis de Civrac à tous droits de bannalité pour fours, moulins & pressoirs dans toute l'étendue du terrein concédé.

ARTICLE XXIV.

S'il se trouve des mines, ou autres substances terrestres, dans l'étendue dudit terrein concédé, elles appartiendront auxdits de Moriencourt, de Sallignac & Compagnie, leurs héritiers, successeurs & ayans causes, sauf les droits du Roi & l'exécution des Ordonnances, & sauf la restriction portée par l'article suivant.

ARTICLE XXV.

Ladite Dame Marquise de Civrac, audit nom, réserve expressément audit Seigneur Marquis de Civrac, ses héritiers, successeurs ou ayans causes, le droit d'établir à son profit, à ses frais, dans l'étendue dudit terrein concédé, une forge, fourneaux & usines; & à cet effet, en désignant par mondit Seigneur Marquis de Civrac, d'ici au jour & fête de Noël prochain, le terrein où il a dessein de faire construire ladite forge, fourneaux & usines; ledit terrein qui ne pourra toutefois comprendre plus de mille arpens en une seule continence, demeure dès-à-présent excepté de la présente concession, sans aucune indemnité auxdits sieurs de Moriencourt, de Sallignac & Compagnie, & ledit Seigneur Marquis de Civrac jouira pareillement du cours d'eau nécessaire pour faire aller lesdites forges, fourneaux & usines, sans qu'il puisse être détourné ni dérangé pour les autres établissemens desdits sieurs de Moriencourt, de Sallignac & Compagnie.

ARTICLE XXVI.

Ladite réserve n'empêchera point lesdits sieurs de Moriencourt, de Sallignac & Compagnie, leurs héritiers, successeurs & ayans causes, d'établir dans le surplus dudit terrein concédé toutes forges, fourneaux & usines qu'ils jugeront à propos, sans payer aucun droit audit Seigneur Marquis de Civrac, ses héritiers, successeurs & ayans causes, autre que ledit cens & les droits de mutation ci-dessus stipulés.

ARTICLE XXVII.

Pourront lesdits sieurs de Moriencourt, de Sallignac & Compagnie, leurs héritiers, successeurs & ayans causes, former des Colonies ou Habitations, grandes, moyennes & petites, dans ledit Terrein concédé, ainsi qu'ils le jugeront à propos, & seront tenus de donner audit Seigneur Marquis de Civrac, ses héritiers, successeurs & ayans causes, au fur & à mesure des ventes qu'ils feront de chaque Colonie ou Habitation, la déclaration ou dénombrement de chacune desdites Colonies ou Habitations, & de ce moment ladite Colonie ou Habitation ainsi formée, sera particulierement tenue de son Cens envers ledit Seigneur Marquis de Civrac, ses héritiers, successeurs ou ayans causes, étant convenu qu'il n'y aura aucune solidité entre les différentes Colonies ou Habitations, du jour qu'elles seront formées, & le dénombrement fourni; mais seulement solidité entre les Habitans d'une même colonie, sans que les subdivisions qui pourroient être faites par la suite puissent nuire à la solidité du Cens entre les Habitans d'une même Colonie.

ARTICLE XXVIII.

Lesdits sieurs de Moriencourt, de Salignac & Compagnie, leurs héritiers, successeurs & ayans causes, ne pourront vendre ni échanger aucune portion du Terrein concédé, sans énoncer dans le Contrat de Vente ou Echange la charge & quotité du Cens imposé par le présent Acte, & seront tenus de donner extrait en forme du présent article à chaque Acquereur, en ce qui concerne les charges auxquelles le Terrein vendu ou échangé sera sujet.

ARTICLE XXIX.

Ladite Dame Marquise de Civrac audit nom concéde auxdits sieurs de Moriencourt, de Sallignac & Compagnie, ou autres envoyés principaux de ladite Compagnie, un Logement pendant dix années consécutives, à compter de ce jour, dans sa Maison noble de Berganthon, avec la faculté de se servir des meubles qui se trouveront dans ledit Logement, dont sera ait un état double avant d'entrer en jouissance du dit Logement, pour être représenté à la fin desdites dix années; pour laquelle jouissance & Logement lesdits sieurs de Moriencourt, de Sallignac & Compagnie, ne payeront rien audit Seigneur Marquis de Civrac, ses héritiers, successeurs & ayans causes, lesdits jouissance & Logement leur étant accordé en considération du présent Traité, & sous la condition qu'ils ne pourront déloger le Receveur dudit Seigneur Marquis de Civrac.

ARTICLE XXX.

Ladite Dame Marquise de Civrac audit nom promet de se joindre auxdits sieurs de Moriencourt, de Sallignac & Compagnie, leurs héritiers, successeurs & ayans causes, pour obtenir de Sa Majesté les Arrêts, Edits Ordonnances, Déclarations & Lettres Patentes qui seront nécessaires auxdits sieurs de Moriencourt, de Sallignac & Compagnie, leurs héritiers, successeurs & ayans causes, soit pour les Etablissemens ci-dessus désignés, soit pour obtenir en leur faveur les Priviléges & Exemptions que Sa Majesté accorde ordinairement aux Cultivateurs des Terreins & Marais nouvellement défrichés & conformément à l'Arrêt du Conseil & Lettres Patentes des 10 Octobre & 10 Novembre 1758, obtenues par M. le Comte d'Hérouville, à l'occasion des Terres & Marais de la grande & petite Moëre de Dunkerque; le tout toutefois sans aucuns frais pour ledit Seigneur Marquis de Civrac, & sans qu'en aucun cas il puiſſe y avoir lieu à indemnité contre lui pour raiſon de ce.

ARTICLE XXXI.

Ladite Dame Marquiſe de Civrac audit nom a préſentement remis un Extrait du partage de la ſucceſſion de M. le Marquis de Civrac pere, paſſé devant Lenoir & ſon Confrere, Notaires à

par lequel ladite Terre & Seigneurie de Certes eſt échue audit Seigneur Marquis de Civrac ſon mari, & a promis & obligé ledit Seigneur ſon mari de communiquer auxdits ſieurs de Moriencourt, de Sallignac & Compagnie, les anciens Titres de propriété de ladite Terre, à la premiere réquiſition de la Compagnie.

ARTICLE XXXII.

Leſdits ſieurs de Moriencourt, de Sallignac & Compagnie ont préſentement payé pour droits d'Entrée & Epingles à ladite Dame Marquiſe de Civrac audit nom, la ſomme de ſeize mille huit cens livres, en ſept cens louis d'or de vingt-quatre livres chacun, comptés & réellement délivrés à la vue des Notaires ſouſſignés, dont quittance ; laquelle ſomme leſdits ſieurs de Moriencourt, de Sallignac & Compagnie, ne pourront jamais dans aucun cas répéter contre leſdits Seigneur & Dame Marquis & Marquiſe de Civrac, ſi ce n'eſt pour raiſon de la garantie portée par l'Article II. du préſent Acte.

ARTICLE XXXIII.

Ladite Dame Marquiſe de Civrac audit nom réſerve ſpécialement audit Seigneur Marquis de Civrac toutes les parties que mondit Seigneur ou ſes prédéceſſeurs peuvent avoir concédées à ſes Tenanciers ou autres particuliers juſqu'au premier Janvier 1760, ainſi qu'il ſera juſtifié par les Titres qui ſeront produits par leſdits Tenanciers ou particuliers, ou par ledit Seigneur ; à l'égard des conceſſions qui pourroient avoir été faites par ledit Seigneur Marquis de Civrac, ou ſes fondés de Procuration

tion, depuis le premier Janvier 1760; elles appartiendront auxdits sieurs de Moriencourt, de Sallignac & Compagnie, leurs héritiers, successeurs & ayant causes, aux mêmes conditions que le surplus dudit Terrein concédé; à la charge toutefois par eux d'entretenir lesdites concessions, & d'acquitter, garantir & indemniser mondit Seigneur Marquis de Civrac de tous recours & répétitions de la part desdits Concessionnaires, madite Dame audit nom obligeant ledit Seigneur son mari de remettre de bonne foi auxdits sieurs de Moriencourt, de Sallignac & Compagnie, tous les deniers d'Entrée, Pots-de-vins & Epingles qu'il pourroit avoir reçus pour raison desdites concessions faites depuis le premier Janvier 1760.

ARTICLE XXXIV.

Est expressement convenu entre ladite Dame Marquise de Civrac audit nom, & lesdits sieurs de Moriencourt, de Sallignac & Compagnie, que tous les cas qui n'auroient pas été prévus par le présent Acte, même les clauses & conditions d'icelui qui pourroient être sujettes à interprétation, seront réglées & interprétées suivant les Loix & Ordonnances du Royaume, & suivant les Usages, Loix & Coutumes qui régissent lesdits Terreins concédés; auxquelles Loix & Ordonnances générales les Parties n'entendent déroger que dans les cas expressement désignés par le présent Acte.

Car ainsi, & pour l'exécution des présentes, les Parties ont élu domicile en leurs demeures & Hôtels ci-devant déclarés, auxquels lieux nonobstant promettant, obligeant chacune en droit soi respectivement, renonçant. Fait & passé à Paris en la demeure de ladite Dame Marquise de Civrac sus désignée l'an mil sept cent soixante-un, le dixneuviéme jour de Juin avant midi, & ont signé la minutte des Présentes, demeurée audit Me. Bronod, jeune Notaire. *Signé*, & BRONOD, avec paraphe, en marge est écrit, scellé lesdits jour & an, reçu xiij sols, avec paraphe.

PARDEVANT les Conseillers du Roi, Notaires au Châtelet, soussignés fut présent, Très-haut & Très-puissant

Seigneur, Monseigneur Emery de Durfort, Marquis de Civrac, Menin de Monseigneur le Dauphin, Colonel du Regiment Royal-Vaisseaux, demeurant à Paris en son Hôtel, rue Saint Guillaume, Fauxbourg S. Germain, Paroisse S. Sulpice.

Lequel a par ces présentes fait & constitué pour sa procuratrice générale & spéciale, Très-haute & Très-puissante Dame, Madame Marie-Françoise de Pardaillan, de Gondrin, Dantin, son épouse qu'il authorise spécialement pour tout ce qu'elle fera en vertu des présentes à laquelle il donne pouvoir de pour lui & en son nom traiter avec Messieurs de Moriencourt, Colomb & Compagnie, & avec tous autres qu'il appartiendra des Terres incultes, Vaines & Vagues, Landes & Marais qui dépendent, & font partie de sa Terre & Seigneurie de Certes, située dans la Sénéchaussée de Bordeaux, leur conceder & abandonner avec toute garentie, le tout ou partie desdits Terres incultes moyennant un Cens annuel & perpétuel, & aux autres conditions que ladite Dame avisera, recevoir les Droits d'Entrée qui seront payés pour raison de ce en donner bonne & valable quittance & décharge, & généralement faire à ce sujet tout ce que la Dame procuratrice avisera, promettant l'avoir pour agréable & le ratifier à la premiere requisition; obligeant, reconçant. Fait & passé à Paris ès études, l'an mil sept cent soixante-un, le quatriéme jour de Mai, avant midi, & a signé la minutre des présentes, demeurée audit Me. Bronod, jeune Notaire, en marge est écrit; scellé lesdits jours & an, reçu vj sols, avec paraphe.

Concession a perpetuité.

RATIFICATION des Actes de concession de M. le Marquis de Civrac.

Et le quinze de Septembre mil sept cent soixante-un, est comparu devant les Conseillers du Roi, Notaires à Paris soussignés, le sieur Nicolas-Noël-Simon des Portes, Bourgeois de Paris, y demeurant rue S. Avoye, Paroisse S. Nicolas des Champs, au nom & comme fondé de la procuration générale & spéciale, pour ces présentes de mondit Seigneur, Marquis de Civrac, dénommé & qualifié en l'Acte de concession des autres parts, qu'il lui a passé à cet effet devant Polleau & Nouveau, Notaires à la Rochelle le 5 Septembre 1761, dont l'original dûement scellé, controllé & legalisé, est demeuré joint à la minutte des présentes, après avoir été dudit sieur Desportes certifié véritable, signé & paraphé en présence des Notaires soussignés.

Lequel a par ces présentes ratifié, confirmé & approuvé l'Acte de concession des autres parts, en tout son contenu ; ainsi que la quittance y portée de la somme de seize mille huit cent livres pour Droits d'entrées & épingles, payée à Madame la Marquise de Civrac, consentant que ledit Acte soit exécuté selon sa forme & tenur, & sorte son plein & entier effet dont acte promettant, obligeant, renonçant. Fait & passé à Paris ès études lesdits jours & an, & a signé la minutte des présentes, étant ensuite de celle de l'Acte de concession dont expédition est des autres parts, le tout demeuré à Me. Bronod, jeune Notaire. Signé Bronot & Giraut, en marge est écrit, scellé lesdits jours & an, reçu vj sols.

Par la procuration ci-devant dattée & énoncée, appert qu'elle est spéciale à l'effet de faire la susdite ratification.

Extrait par lesdits Notaires à Paris soussignés sur l'Original de ladite procuration, étant comme dit est demeuré annexé à la minutte de l'Acte, portant ratification dont expédition est ci-dessus ; le tout demeuré audit Me. Bronod, jeune Notaire.
Signés, BRONOD & GIRAUT.

COMPAGNIE
D'AGRICULTURE,
DANS LE MARQUISAT DE CERTES,
SENECHAUSSE'E DE BORDEAUX,

240000 *Arpens.*

PROCÉS-VERBAL

De la vérification des Terres incultes & Marais, dans les Landes, sur le Chemin de Bordeaux à Bayonne, que la Compagnie à acquises de M. le Marquis de Civrac, qui constate la nature & qualité du Terrein, pour la production de toutes sortes de Grains, Pâturages, Chanvre, Légumes, Mines de Fer & autres Denrées également utiles, tant pour la Province de Guyenne, que pour tout le Royaume.

L'AN MIL SEPT CENT SOIXANTE-UN, le vingt-un Novembre, Nous soussignés, ALEXIS-FRANÇOIS FOYET, Avocat en Parlement, chargé à Paris & à la Cour, des affaires des Chambres des Comptes &

Cour des Aides, Domaines & Finances de Franche-Comté ; & Conseil de la Compagnie d'Agriculture de Certes, muni, en cette derniere qualité, de la Délibération prise par ladite Compagnie, le 7 du présent mois, dans laquelle nous avons été chargés de nous transporter à Bordeaux & à Certes, pour reconnoître toutes les Landes & terreins vendus à la Compagnie par M. de Civrac, contenant 240000 arpens, ce qui fait cinquante-deux lieues de superficie & vingt-deux en largeur, & pour prendre les mesures nécessaires pour les faire fructifier, défricher, mettre en état, & faire continuer les délimitations encommencées, ou les faire cesser, & faire en un mot, tout ce qui seroit trouvé nécessaire ; de concert avec Mrs. Dubois de Donillac, Controlleur Général de ladite Compagnie, & de Rilly, Sous-Directeur dans lesdits Bureaux de Bordeaux & de Certes.

Et pour parvenir auxdites reconnoissance & opérations, Nous lesdits Foyet, de Rilly & Dubois de Donillac, accompagnés des Sieurs Poivert, Géometre de la Compagnie, & Pinel, Fondeur & Artiste, ces deux derniers demeurans à Bordeaux, ainsi que des Gardes de ladite Seigneurie, pour servir d'Indicateurs ; nous sommes tous partis de Bordeaux pour arriver au Peuche de la Gubatte, où commence le Marquisat de Certes, du côté du chemin tirant de Bordeaux à Bayonne.

PREMIERE OPERATION.

Marquée A. sur le Plan.

Et y étant, les Gardes & Indicateurs nous ont montré le commencement des Landes de la Compagnie, que nous avons trouvées de deux lieues d'étendue en *largeur*, depuis les Peuches de la Gubatte, où il y a plusieurs Maisons ou Métairies, jusqu'au lieu des Barq, qui forme une espéce de Village également dépendant de ladite Seigneurie ; & en parcourant lesdites Landes, nous avons reconnu qu'une partie d'icelles avoit été brulée par les Bergers, pour faciliter le pâturage des Bœufs, Vaches & Moutons qui y pâturent, & que le surplus desdites Landes, est composé d'ajoncs, de bruyeres, d'épines & de ronces, & autres bois & herbes, en hauteur de deux à trois pieds extrêmement épais, & ayant fait creuser en différens endroits, nous avons vérifié, 1°. que les racines de ces arbustes étoient entrelaſſées les unes dans les autres, à la profondeur de plus d'un pied & demi. 2°. Que tout le terrein eſt composé d'un fin ſable mélangé avec de la terre noire, & que depuis ſa ſuperficie juſqu'à l'eau, il ſe trouve partout, à quatre pieds de profondeur, être de même nature de terre & ſable. 3°. Que dans les deux Villages & même dans l'intérieur des Landes, il y a des Puits de quatre pieds de profondeur, où l'on trouve de l'eau aſſez claire & aſſez bonne : qu'enfin il y a environ deux cens Baraques de paille, dans ces mêmes Landes, leſquelles ſervent d'habitation aux Berges & au bétail pendant la nuit ; ce bétail conſiſte en Bœufs, Vaches, Veaux & quantité de Moutons, qui ſe portent fort-bien ; ce ſont des Particuliers à qui M. de Civrac permet le pâturage pour une certaine rétribution par chaque piéce; les Propriétaires ont les Veaux, les jeunes Moutons & les laines, & le Berger le lait ; l'on donne à ce Berger un Aſne pour aller chercher ſes alimens, & une certaine quantité de pains : tel eſt l'uſage des Landes, dans leſquelles le bétail reſte toute l'année.

Et pour vérifier la qualité de la terre, nous en avons fait mettre dans une boëte marquée *premier à vûe*, de laquelle l'on reconnoît que cette terre forme une très-bonne grâve, productive de toutes ſortes de biens ; & ayant examiné les cultures voiſines & limitrophes, nous avons reconnu que non-ſeulement *au Peuche de la Gubatte*, où nous avons commencé cette Reconnoiſſance, mais encore au Barq où nous l'avons fini, tous les héritages ſemés actuellement en bled, froment & en ſeigle, préſentoient une très-belle récolte, & ayant interrogé cinq à ſix Métayers deſdits lieux, qui ont des héritages voiſins deſdites Landes, ils nous ont tous aſſuré que leurs héritages leur raportoient de toutes ſortes de productions en froment, ſeigle, orge, métays, même juſqu'à neuf boiſſeaux par arpent * ; que leur vigne produiſoit du Vin de grâve, qu'enfin le chanvre, le lin, le bled d'Eſpagne, & les légumes y venoient admirablement : ce que nous avons vérifié par nous-mêmes, ayant trouvé tous les Jardins ornés d'arbres, & garnis de choux, de poireaux, d'aſperges, de ſalades, & autres jardinages néceſſaires à la vie.

* Notat. Le Boiſſeau de Bordeaux peze de 125 à 130 livres.

Au reſte, nous n'avons point trouvé dans ce continent, de bois à bâtir appartenant à M. de Civrac, ni de pierres ſauf de cailloutage, encore eſt-il fort rare. Dans cette ſituation toute cette Lande peut être miſe en *champs* en *vignes*, en *chenevieres*, en *bois*, ou en pâturages, aux choix de la Compagnie.

Comme les gens qui ont mis du bétail dans cette Lande, n'ont loué que par année, & que cette Ferme finira dans quatre à cinq mois, l'on pourra s'aranger de leur bétail & de leurs Baraques ; ces Baraques en paille poſées ſur quatre pilliers de bois, peuvent valoir au plus trente livres ; l'on pourroit s'en ſervir en les racommodant, pour y placer les ouvriers ; & au cas que cet arrangement ne fût pas poſſible, l'on placera les ouvriers & défricheurs, partie au Peuche & partie aux Barq.

Au ſurplus ce ne ſera qu'en écobüant que l'on pourra voir où il ſera néceſſaire de faire des foſſés, le cas arrivant de la trop grande quantité d'eau, comme il y en a fort peu dans ce canton, qui eſt ſec, quoiqu'il ait plû pendant ſix ſemaines, les foſſés n'y paroiſſent pas trop néceſſaires.

Nous avons auſſi reconnu que l'on ne pouvoit point ſemer ſans défricher, par rapport aux différentes racines des arbuſtes, qui ſont entrelaſſées les unes dans les autres, & qui pouſſeroient des rejets, ſi elles n'étoient pas totalement extirpées.

Enfin il n'eſt pas poſſible que cette Lande fût inondée par les eaux des Ruiſſeaux ou Rivieres, puiſqu'elle n'eſt eſt point entourée.

Marquée B. ſur le Pian pour les Barq.

DEUXIEME OPERATION.

Et depuis les Barq, nous avons pourſuivi notre chemin du côté de Myos, où nous avons encore trouvé des Landes de la Compagnie, en continance de trois lieues de largeur, où il y a de même environ trois cens Baraques de Moutons, qui pâturent dans cette Lande par troupeaux ; ces animaux ſont très-gros, & de la plus fine laine, & par l'examen de la qualité de la terre, il nous a paru qu'elle étoit mélangée de ſable noir, comme les grâves de Bordeaux, ce qui formeroit de très-bonnes vignes ; & en parcourant tout ce terrein, dont la terre eſt partout de même qualité & bonté, nous avons trouvé dans différens endroits de l'intérieur de ce continent, beaucoup de petits cantons entrelaſſés dans ces Landes, qui ont été assencés & mis en nature de labour par des Particuliers qui y ont semé des bleds-froment en cette année dans certaines parties, & qui y avoient semé en l'an dernier, des bleds d'Espagne, dans d'autres parties ; & il nous a paru par les pailles encore existantes sur l'héritage de bled d'Espagne, qu'il a été des plus abondans, la paille ayant sept à huit pieds de hauteur : à l'égard du froment & du seigle semés en l'an courant, les revenus en paroissent des plus beaux ; ce qui nous démontre par l'évidence, que tout croîtra parfaitement dans la Lande dont il s'agit, en froment, seigle, mérays & autres fruits quelconques, quoique la terre, du premier coup d'œul, nous ait paru légere : quant au pâturage il est bon surtout pour les Moutons ; & pour le bonnifier encore plus, les Bergers de cette Lande ont brûlé les bruyeres en de certains endroits pour rendre le pâturage plus frais & plus tendre, ensorte que l'on diroit que ce sont des terres labourées ; mais les racines n'en existent pas moins dans la terre qu'il faudra défricher & écobuer pour qu'il ne subsiste plus de racines ; l'escobuement est d'autant plus nécessaire, que cela suffira pour ensumer la terre pendant trois ans, sans y mettre de fumier, selon que nous l'a assuré M. Saintoux, de l'Académie d'Agriculture de Bordeaux, qui a fait défricher un domaine dans la Lande, & qui nous a assuré que, tous frais de défrichemens, ouvriers, labours & semences prélevés, il avoit encore eu 26 livres au-delà, dans un simple arpent de terre : M. le Brun, Notaire à Bordeaux, qui a pareillement un domaine dans les Landes, a fait les mêmes expériences, & nous a assuré un égal profit, & même au-delà.

Enfin nous avons reconnu, 1°. que l'eau dans toute cette Lande, est, partout, à quatre pieds de profondeur, & qu'il y a même des puits dans icelle pour abreuver le bétail au besoin, laquelle eau est très-bonne à boire & très-claire, beaucoup plus que celle de pluie qui tombe sur la Lande, & qui ne devient rousse que parce qu'elle passe & repasse sur les différentes herbes de la Lande. 2°. Qu'il y a dans les terres enclavées dans cette même Lande, du jardinage de toutes espéces & abondamment, & même des choux qui pezent jusqu'à dix à douze livres ; que les chanvres, les raves, les poireaux, la salade & autres choses y croissent, tout ainsi que le froment, seigle, orge, orgier, légumes, vin & autres productions quelconques. 3°. Qu'à Myos les mêmes productions se vérifient aussi belles & aussi abondantes; d'où l'on peut tirer la conséquence que cette Lande étant entre deux sols de même nature, de même continent, de même élévation, & de même terre, produira pareillement.

Nous ajoûtons que toutes ces Landes sont sur un même point fixe, sans aucunes monticules ni élévations; qu'elles pourront se défricher aisément pendant l'hyver, parce que le terrein n'est point inondé, quoiqu'il ait plû depuis plus de six semaines; & pour vérifier d'autant mieux que la terre de cette Lande est capable de toutes sortes de productions, nous en avons renfermé dans une boëte *marquée Barq & Myos* : l'on finit en observant que les travailleurs qui ne voudront pas se baraquer, pourront se placer dans les deux Villages.

Quant aux bois, nous n'en avons trouvé aucuns dans tout ce terrein.

Marquée C.

TROISIEME OPERATION.

Depuis Myos, nous avons passé la Riviere de Layre, où M. de Civrac a un Bacq; cette Riviere nous a paru en état, par sa largeur & rapidité, de suporter toutes sortes de constructions de Forges & Fourneaux; les Gardes nous ont montré à côté d'icelle, les Landes de la Compagnie, qui contiennent environ quatre lieues de largeur, du côté de la teste de Buch, au joignant de M. de Ruat; lesquelles Landes s'appellent le Terrein Ferré, où il y a de l'eau pour ainsi dire partout, & dans lequel nous avons cependant pénétré jusqu'à deux lieues où nous avons reconnu (après avoir fait creuser dans les endroits non-inondés) que la partie dudit terrein est un sable noir mélangé de terre comme dans les précédentes Landes, à l'effet de quoi nous l'avons fait mettre dans une boëte *marquée Terre Ferrée.*

Marquée D. Cette qualité de terre s'est toujours trouvée de même en profondeur de quatre pieds, jusqu'à un quart de lieue; mais ayant fait creuser en poursuivant, nous n'avons plus trouvé le terrein sabloneux qu'à quatorze pouces de profondeur, après quoi il s'est trouvé un terrein tout en pierre & en cailloux, jusqu'à la profondeur de quatre pieds que l'on trouve l'eau,

& ainsi en continuant pendant deux lieues dans ledit terrein mais comme la superficie en terre & sable de ce cailloutage, environ quatorze pouces en sable mélangé de terre, nous estimons que cette épaisseur est plus que suffisante pour mette le terrein en nature de prés ou pâturages, en faisant des fossés de distance en distance pour l'écoulement des eaux; par cette réparation, le foin y viendra parfaitement sans le secours d'aucun artificiel; mais il sera indispensable d'écobuer pendant l'Eté, parce qu'il y a de l'eau pendant l'Hyver.

Comme cette Lande paroît être le seul endroit minéral, nous y avons fait tirer de la Mine, qui nous a paru très foible & en très petite quantité, & effectivement le sieur Pinel, Fondeur & Artiste, l'ayant de suite examinée, l'a trouvée fort-légere, ce qui nous a déterminé d'en prendre une petite quantité, parce que l'on ne pourroit pas s'en servir présentement à défaut de bois.

Cependant si, par l'événement, ce minéral se trouvoit suffisant plus avant (ce que nous n'avons pas pu voir par rapport aux eaux) pour lors il seroit fort facile de construire une Forge tout près sur la Riviere de Layre; & pour mettre le tout en ordre d'œconomie, l'on planteroit la partie des Landes, à côté de la Riviere, en bois, pour que le bois & la Mine fussent près de la Riviere & de la Forge, ce qui pourroit se pratiquer avec succès.

Il nous a aussi paru que toute la partie de cette Lande peut être destinée en bois, en pâturages & en prairies, y ayant plus que suffisamment d'eau, laquelle ne vient point des Riviéres ou Ruisseaux, mais des eaux du Ciel qui s'écoulent insensiblement dans la Riviére de Layre, qui est un sol plus bas; nous avons aussi remarqué que le sable de la Riviére de Layre, est un véritable sable de Fayance.

Quant au pâturage de toute cette Lande, il est occupé & rempli par des Bœufs, des Vaches, des Veaux & des Moutons; il y a des Baraques à proportion, le terrein est plein & à niveau, & l'on trouve l'eau partout à quatre pieds, comme il a été dit ci-devant.

Et eu égard à l'impossibilité de pénétrer dans le surplus du terrein, par rapport aux eaux pluviales, nous n'avons pas pu examiner si dans la partie du terrein inondé, il y avoit des bois à bâtir.

Marquée E.

QUATRIE'ME OPE'RATION.

Et depuis Myos, nous sommes allés à Argentaires, distant de Myos de trois lieues, où nous avons trouvé des Landes de la Compagnie d'environ deux lieues de largeur, toujours en plaine & à même niveau, dans laquelle Lande & dans le milieu d'icelle, nous avons trouvé une Mérayrie où tout croit en bled, seigle, millet, chanvre, lin, vignes, selon que nous l'avons vérifié; or, tout le terrein de la Compagnie est égal à celui dont il s'agit, l'eau s'y trouve à six pieds, elle est fort bonne; nous avons aussi trouvé dans ladite Lande, entre Myos & Argentaires, de la terre d'argille, propre à la thuile, à la brique & aux carreaux, laquelle nous avons renfermée dans une boëte marquée *Argille, entre Myos & Argentaires.*

Et pour assurer la vérification de la nature de la terre dudit terrein, nous en avons renfermé dans une boëte marquée *Myos & Argentaires*, à vûe de laquelle il est constant que cette terre est propre à toutes sortes de productions; nous ajoûtons que cette Lande n'est point du tout aquatique, & que l'on peut l'écobuer en tout tems; nous avons même remarqué qu'il y auroit un fort beau bois de chêne sans le pâturage du bétail, y ayant quantité de petits chênes épars, ce qui dénote la bonté du terrein.

Marquée F.

Et en poursuivant notre chemin dans ledit canton, nous avons trouvé entre Argentaires & Myos, un Ruisseau qui fluë dans un vallon en continuité, entre deux petites colines de sable, lequel Ruisseau s'appelle l'*Accanau*, & continue sur quatre lieues & demie en longueur, à côté duquel Ruisseau il y a au moins cent perches dans toute sa largeur, où l'on peut faire d'excellens prés gras, qui rapporteront plus de deux milliers par journal, & il paroît que cette partie de prés pourroit faire environ quatre mille arpens à la Compagnie; mais il faudra écobuer le terrein pendant l'Eté & y faire les réparations convenables pendant ce tems, par raport aux eaux qui y existent présentement.

Nous avons enfin reconnu, que dans le Village d'Argentaires, qui est la même terre que la Lande, tout y croit en Froment, Seigle, Chanvre, Légumes, que l'eau y est fort bonne, que les Puits y sont à quatre pieds seulement, que la Lande de la Compagnie est pacagée par des Moutons, qui sont beaux & gras, qu'il y a des Baraques pour les retirer, selon nos précédentes Observations.

Au reste, nous n'avons remarqué aucuns Bois dans ce Canton, sauf des petits Taillis de Chênes épars dans ladite Lande, mais en peu de consistance; en sorte que nous pensons que ledit terrein peut être destiné à telle espéce de grains que la Compagnie le souhaitera après avoir été défriché, ce qui peut se faire, dès-à-présent, sauf les à-côtés du Ruisseau, comme on vient de l'observer.

CINQUIE'ME OPE'RATION.

Marquée G. au Plan.

Et depuis Argentaires, nous sommes arrivés à Biganos, où nous avons trouvé plus d'une lieuë en largeur de Landes à la Compagnie, lesquelles contiennent environ 4000 Arpens de très-bonne terre, que nous avons renfermé dans une Boëte, marquée Grave, *entre Argentaires & Biganos*, & ayant fait creuser, cette terre se trouve partout de même, à la profondeur de cinq pieds; nous avons aussi remarqué, que toute cette partie de Landes, entre ces deux Villages, est dans un Sol très-sec, où les eaux ne séjournent point, que les Landes de cet endroit ont toutes été brûlées par les Bergers, qu'il est très-facile d'écobuer tout ce terrein, qui est excellent en Grave & de même nature jusqu'à l'eau: ainsi cette terre produira du Froment, du Seigle, des Légumes, du Chanvre, du Lin, &c. & l'on peut même dire que cette Lande pourroit être semée dès-à-présent, avec la charuë, mais il sera mieux de la défricher, parce que l'écobuëment dispensera d'y mettre du fumier de trois ans.

Nous avons aussi remarqué que l'on y fait pâturer des Moutons, & de toutes sortes de Bétail, dont les Bergers sont baraqués comme les précédens.

M. de Civrac possède dans Biganos deux Thuilleries, & il y a dans la Lande de la Compagnie, des pierres en rocailles, pour bâtir, en creusant à trois pieds de profondeur: il y a pareillement de l'Argille & de la terre de Marne, que nous avons aussi fait renfermer dans une Boëte marquée 5, *terre grasse de*

Marquées H. au Plan.

Biganos, laquelle terre eſt bonne pour le crépiſſage, la Brique & la Thuille : enfin l'on trouve à Biganos de très beaux revenus en Bleds, Froment ; l'on y voit de beaux Bleds-Turquiers, les Jardins portent de toutes ſortes de Fruits, l'eau y eſt claire & très-bonne à 5. pieds de profondeur, & l'on pourroit ſémer tout ce Canton en Mars prochain, parce qu'il eſt facile de ſe loger dans les deux Villages de Biganos & d'Argentaires ; dans ce Continent, il y a beaucoup de Moutons & environ 200 Baraques en paille ; & nous étant informé pourquoi ces Cantons étoient déſerts, l'on nous a dit que les Milices & la Mer enlevoient tout les Habitans : enfin l'on nous a informé, qu'un ſimple Arpent cultivé en Froment, produiſoit juſqu'à 10. à 11. Boiſſeaux, ce qui faiſoit au moins 54 livres pour une ſeule moiſſon.

Marquée I. & K.

SIXIE'ME OPE'RATION.

Depuis Biganos, nous ſommes allés à Certes & à Audanges, & avons traverſé plus d'une lieuë de Landes en largeur, qui nous ont paru de moindre qualité que les précédentes, à quelque choſe près, & pour vérifier ſi ces Landes étoient bonnes, nous avons fait creuſer le terrein qui nous a paru de terre noire ſablée, que nous avons fait fermer dans une Boëte marquée, *terres depuis Biganos à Certes* ; & pour ſçavoir d'autant mieux la nature du terrein, nous avons examiné les Métayries qui ſont entre Certes & Biganos, & nous avons reconnu, 1°. que les Fruits en Bleds & Seigles y ſont aſſez beaux, quoique ce Canton qui eſt près de la Mer ſoit moindre & plus ſabloneux que les autres, chacun nous ayant aſſuré, que c'étoit le moindre de toutes les Landes. 2°. Qu'il y a de toutes ſortes de Fruits en Jardinage. 3°. Qu'il y a de l'eau partout à 4. pieds & de la très-claire, malgré les pluyes, qu'il y a des Thuilleries dans ce terrein & des Ruiſſeaux dans les entre-deux, qu'il y a des Pâturages de Moutons & beaucoup de Baraques dans toute la Lande, qui n'eſt point du tout inondée & où l'on peut travailler en toutes ſaiſons.

Et arrivé à Certes, nous avons trouvé à côté du Château, une Forêt de très-beaux Pins, en haute futaye, contenant aux environ de 30. Arpens, où il y a plus de 100 Pins par chaque

Arpent : cette Forêt peut être destinée à la bâtisse des Colonies, des endroits, dont il est parlé ci-devant, & à côté de ladite Forêt, il y en a une autre attenante de la contenance d'environ 80. Arpens, moins belle que la précédente, mais peuplée en partie de Chênes, & l'autre de Pins, lesquelles deux Forêts serviront à bâtir les Colonies; comme il paroît qu'il n'y en a aucunes autres dans la Terre, il faudra en œconomiser les bois pour les Bâtimens.

Il y a aussi dans Certes, un Ruisseau où l'on peut construire des Moulins; à côté de ce Ruisseau & de la Maison Seigneuriale, sont les 2000 Arpens qui touchent le Bassin d'Arcachon & qui peuvent être destinés en Marais salans : après avoir remarqué & examiné tout ce terrein, qui est dans un même continent, nous avons reconnu qu'il est dans un Sol gras & éxcellent, qui forme le coup-d'œil de Marais salans. Si vrai, que les petits Canaux y sont encore éxistans, de même que les rigoles & la chaussée, & généralement tous les autres compartimens & ouvrages des Marais salans : ainsi dans l'état actuel, l'on ne peut pas emboucher ni faucher l'herbe qui peut croître dans ce continent, que l'on ne pourroit pas non plus sémer, sans qu'il eût été préalablement mis de niveau, en sorte que la destination n'en paroît propre qu'en Marais salans : ce sera donc le meilleur expédient de suivre le Dévis fait à ce sujet par l'Entrepreneur.

Marquée L.

Marquée M.

Il ne nous a pas été possible, par raport aux eaux, d'aprocher de fort près, le bassin d'Arcachon, pour vérifier les ouvrages, mais à vûe des Pays que la Mer a portés hier près le Verger du Sieur de la Salle du Siron, qui touche le 2000 Arpens dont il s'agit; il paroît que le flux & le reflux de la Mer ne vas jamais haut que 5. à 6. pieds du rez de chaussée du terrein, selon que tout le monde nous l'a assuré, & que nous l'avons vérifié par le reflux qui étoit hier extrémement abondant; par conséquent il paroît très-facile d'empêcher les inondations des Marais salans, parce que lesdites inondations sont moins abondantes en Été qu'en Hyver, en sorte que l'écurement des Fossés & Ruisseaux énoncés dans le Dévis, empêchera tous inconvéniens.

Si cependant ce systême n'étoit pas suivi, l'on ne pourroit destiner ce terrein qu'en Prés, qui seroient des meilleurs & des plus gras : mais pour lors, il conviendroit de le faire labourer partout pour le mettre de niveau, de faire une Digue tout le long du Bassin, pour empêcher la trop grande abondance & profusion des Eaux causée par le flux & le reflux de la Mer, & de curer & nétoyer tous les Fossés qui entourent ce terrein; l'on ne peut prendre que l'une ou l'autre de ces résolutions.

Au surplus, en parcourant le territoire de Certes, nous y avons trouvé, entre le Bois & le Château, un Minéral fort bon, que le Sieur Pinel, Fondeur a estimé excellent & devoit produire près de moitié, à l'effet de quoi nous avons renfermé ledit Minéral dans une Boëtte marquée, Mines de Certes, N°. 7.

De Certes nous avons voulu poursuivre notre Visite du côté de Médoc, qui y est attenant, où il y a environ quatre lieuës de Landes, apartenantes à la Compagnie, qui forment une partie du terrein vendu, mais nous n'avons pû parvenir que jusqu'au village de Lanton, où nous avons trouvé une Forêt en Pins de haute futaye, aussi peuplée que celle de Certes, en contenance d'environ 40. Arpens, dont le dépouillement servira à construire les Colonies de la partie du Médoc; & nous étant fait instruire sur la valeur de cette partie, l'on nous a dit que la terre étoit la même que dans les précédentes Landes ci dessus, & qu'il y avoit beaucoup plus de terres glaizes: comme ce Canton qui est dans un Sol plus bas que les précédens, est plus proche de la Mer, ce qui le rend impraticable, par raport aux Eaux pluvialles qui bouchent présentement les passages & communications, nous avons estimé que cette partie du terrein, qui est en position plus basse, ne pouvoit pas être cultivée ni deffrichée, quant à présent, mais au dire de tout le monde, il vaut mieux que les précédens; & attendu l'impossibilité d'y entrer & de l'examiner pour le particulariser & le définir, nous avons depuis le lieu de Certes tiré à celui de Berganton.

Marquée N.

SEPTIE'ME OPE'RATION.

Et depuis ledit Certes, nous sommes allés à Berganton, distant dudit Certes de quatre lieuës, & avons trouvé en sortant de Certes, jusqu'à Berganton, tout le terrein en Landes comme les précédens, & nous avons remarqué dans toute cette espace de terrein, qui contient près de 15000 Arpens, quantité de Baraques de paille, des Bergers pour les Moutons & les Bœufs, lesquels animaux pâturoient ledit Canton; nous avons aussi reconnu que tout ledit Bétail étoit gras & de belle venuë, & spécialement les Moutons qui ont une laine plus fine que partout ailleurs, & à une demie lieuë dans ladite Lande, nous avons trouvé une Métayrie cultivée, où il y a environ 50. Journaux de défrichés, labourés & semés en Bleds, dont les fruits sont fort beaux; nous avons aussi trouvé deux Forêts de M. de Civrac, l'une à droite & l'autre à gauche, mais en bois de Chênes, Fûtayes & Taillis, en sorte que dans la distance de quatre lieuës il ne paroit aucuns Pins; nous avons aussi remarqué, que tout ce terrein est composé d'une terre noire, sabloneuse qui produit de toutes espéces de fruits & de grains, même du Chanvre & du Lin, puisqu'il y a des Chênes-futayes dans les Forêts, dont on vient de parler, & ayant fait creuser en différens endroits, nous avons reconnu que la terre est égale partout, même jusqu'à quatre pieds de profondeur, où l'eau se trouve, pourquoi nous avons fait mettre dans une Boëte de ladite terre, ladite Boëte marquée, *terres de Certes à Berganton*, *N°*. 7, & pour procéder à la vérification de ladite terre, qui est précisément de la même qualité que celle de la Métayrie entre les deux Villages; nous avons reconnu, 1°. qu'à Certes & à Berganton, il y a de magnifiques revenus en Froment & Seigle; 2°. que le Bled d'Espagne y vient parfaitement; 3°. que toutes les Légumes, le Jardinage, même les Choux y sont fort beaux, que les Arbres fruitiers y produisent beaucoup, même la Vigne; 4°. que l'Eau y est à 4. pieds, & que les Puits n'ont que cette profondeur, dont les eaux sont très-claires & très-bonnes, en ayant bû beaucoup, déclarans cependant qu'elles sont un peu moins claires que dans nos précédentes opérations; & nous étant fait instruire où l'on prendroit de la Pierre pour construire des Bâtimens, le Sieur Baron, demeurant au Château de Berganton, nous a dit qu'il y en avoit à trois quarts de lieuës, sur un terrein apartenant à la ville de Bordeaux, dit à S. Illac; au surplus, ce terrein nous paroît plus aquatique que les précédens, parce que le Sol en est un peu plus bas, mais ce ne sont que des eaux de pluyes, qui se jettent dans des Crastes ou Reservoirs & qui s'imbibent insensiblement, n'y ayant absolument point d'eau, lorsque les pluyes cessent pendant quelque

Marquée O.

tems. Cet inconvénient peut être remédié par quelques Fossés, qui seront pratiqués & qui serviront même à la pourriture des fumiers artificiels.

Du reste, l'on ne pourra guéres défricher qu'au Printems, Eté & Autonne, & il est sûr, qu'en écobuant & en brûlant les mottes sur le terrein, il produira plusieurs années, sans même le secours d'aucun Fermier : l'on peut attendre en Mars pour écobuer, s'arranger des Loges de Bergers pour placer les Ouvriers, ce qui sera un petit objet, ces Loges n'étant que de paille, soutenues par quatre piquets. A l'égard des Employés, ils pourront se loger à Berganton & à Certes, & ils auront par cet arrangement leurs Ouvriers à leur portée.

Marquée P,

HUITIE'ME OPE'RATION.

Depuis Berganton nous sommes entrés dans les Landes de la Compagnie, tirant à la Croix de Lins, qui est sur le chemin de Bordeaux, au Bourg de la Teste, appellée la Levée de Jules César, & ayant parcouru tout ledit Canton, contenant environ cinq à six mille Arpens & en largeur de près de deux lieues, nous avons reconnu qu'il étoit en Landes & Bruyéres d'un pied à deux pieds de hauteur, & qu'il étoit pâturé par des Bœufs, Vaches & Moutons, qui y sont actuellement, y ayant aux environs de 200 Baraques de paille, pour loger les Bergers & le Bétail, & ayant ensuite examiné la nature de la terre, après avoir fait creuser en entrant dans le terrein & dans le milieu & aux deux extrémités, nous l'avons trouvé partout de même, qui est un petit sable noir, mêlangé de terre, comme dans les précédentes Landes, mais de moindre sel & qualité ; nous avons cependant vérifié qu'à un quart de lieue dans ladite Lande ; il y a une Métayrie à la Dame Joly, qui est entourée des Landes de la Compagnie, dans le terrein de laquelle Métayrie, nous avons trouvé un Jardin, où il y a de très-beaux Jardinages, en Choux, Raves, Panets, Poireaux & autres ; que le Chanvre y croît bien, & qu'il y a de très-beaux revenus en Bleds-froments, Seigles & en Turquier ; nous avons aussi vérifié la nature de toutes ces productions dans la Maison Seigneuriale à Berganton, où le Chanvre y vient à près de sept pids de hauteur ; enfin par les creusemens que nous avons fait faire dans lesdits endroits de ladite Lande, nous avons trouvé que l'eau est partout à trois à quatre pieds, & que la terre est la même, pourquoi nous avons fait renfermer dans une Boëte marquée, *terres de Berganton à la Croix de Lins*, N°. 8.

Enfin nous avons trouvé des Puits chez la Dame Joly, qui demeure dans la Lande, ainsi qu'à Berganton, & qui ne sont pas plus profonds que quatre pieds, dont l'eau est assez bonne, quoiqu'il ait beaucoup plû ; du reste, nous n'avons trouvé dans lesdits endroits, ni pierre à bâtir ni bois, mais la pierre se trouve à environ une demie lieue, selon que nous l'avons observé dans notre précédente journée ; au surplus, il y a dans lesdites Landes, peu d'eaux éparses, par-ci, par-là, ce qui ne fait pas un objet, parce que ces eaux permanantes, en de certains tems de pluïes, pourront se verser dans les Fossés que l'on pratiquera, & qui serviront à y faire du fumier artificiel, en jettant des pailles ou des ajoncs dans lesdits Fossés ; dans cet état, nous estimons, que ledit Canton produira de toutes sortes de Bleds & de fruits, mais il ne pourra pas servir à des Prairies, à moins qu'elles ne fussent artificielles : l'on pourra défricher ce Canton au Printems, en Eté ou Autonne, & ayant interrogé les Bergers, ils ont dit, que tous les terreins des Landes étoient propres au pâturage & que le Bétail y restoit en Hyver comme en Eté, au moyen des baraquemens dont il s'agit.

NEUVIE'ME OPE'RATION.

Marquée Q.

Et depuis la Croix de Lins, nous avons suivi le surplus desdites Landes, d'environ deux lieues, jusqu'au territoire de Bordeaux, contenant plusieurs mille Arpens, où nous avons également remarqué que lesdites Landes étoient pâturées par des Moutons, pour le logement desquels il y a près de cent Baraques de pailles, où lesdits Moutons sont logés pendant toute l'année ; nous avons aussi reconnu que ledit terrein est dans un Sol plus bas que les précédens, mais à peu près de même terre & sable, que nous avons renfermé dans une Boëte marquée, *terre de Lins à Bordeaux*, N°. 9, laquelle terre est pareillement propre à toutes sortes de productions, en Fromens,

Seigles, Méteils, Lins, Chanvres & autres, & même pour la Vigne, y ayant dans ledit Canton des Vignes de Grave; & après avoir fait sonder en plusieurs endroits pour découvrir s'il y avoit des Pierres & des Eaux, nous avons reconnu que l'eau est partout de 4. à 5. pieds de profondeur & que la terre est partout la même jusqu'à l'eau; qu'il n'y a point absolument de pierres dans ledit terrein, mais qu'il y en a à un quart de lieue de là; dans un endroit appellé S. Jean d'Illac, nous avons aussi reconnu qu'il n'y a aucuns bois dans tout ce Canton qui pourra se défricher & écobuer d'abord après l'Hyver, y ayant des Crastes de distance en distance, en largeur de trois pieds & de six à sept pouces de profondeur dans plusieurs endroits; & comme les Ruisseaux sont impraticables du côté du Médoc, & qu'il est impossible de voir cette partie, qui fait un objet d'environ le quart du terrein concédé, comme nous l'avons dit ci-devant, & que chacun nous a assuré être la meilleure, & que la terre & la profondeur des eaux sont de même égalité; l'on peut se fixer au Plan & aux Observations ci-dessus.

De tout cela il résulte, que les terres étant bonnes l'on ne peut qu'en tirer un très-bon parti, puisque tout y croît; le plûtôt que l'on défrichera ce sera le mieux, si l'on travaille en Décembre, Janvier & Février, il faudra mettre tous les Ouvriers dans un même endroit, cela évitera la multiplication des Employés: d'ailleurs, le terrein défriché pourra être semé en Mars, en Bleds de Carême, ou en Autonne en Froment, & le surplus des terreins où l'on ne défrichera pas, on les peuplera de Moutons, de Vaches & de Veaux, comme il le sont présentement, par ce moyen tout raportera à la Compagnie; il sera aisé, après les Baux finis, qui expirent tous à la fin d'Avril, d'acheter les Baraques & le le Bétail de ceux qui embouchent, ces Baraques étant toutes de paille, ne valent pas dix écus piéce; à l'égard du Bétail, si les Particuliers le tiennent cher, pour lors ils l'enleveront & l'on en placera d'autres; nous avons vû dans plusieurs des Terreins dont il s'agit, des Veaux de huit mois qui étoient fort beaux & qui doivent produire plus du double de l'achat au Maître. La présente Reconnoissance, finie & arrêtée à Bordeaux le premier Décembre mil sept cent soixante-un, & nous sommes signés, FOYET, DE RILLY, DUBOIS DE DONILAC, POIVERT & PINEL.

ARREST DU CONSEIL D'ÉTAT DU ROY,

EN faveur de la Compagnie d'Agriculture du Marquisat de Certes, Sénéchaussée de Bordeaux, mouvante de Sa Majesté.

PORTANT approbation & confirmation du Contrat de concession & abandon à perpétuité, de DEUX CENS QUARANTE MILLE ARPENS de terres incultes, vaines, vagues, Landes & Marais acquis en toute proptiété par les sieurs Vallet de Sallignac, Chaulce de Chazelle & Compagnie.

AVEC exemptions des droits de Lods & Ventes, Amortissemens, nouveaux Acquêts, Francs-Fiefs, Centiéme-Denier & de toutes autres Impositions, pendant le tems & espace de quarante années.

Du premier Juin 1762.

Extrait des Registres du Conseil d'Etat.

SUR la Requête présentée au Roi en son Conseil, par Pierre Vallet de Sallignac, Ecuyer, & André-Pierre Chaulce de Chazelle & Compagnie: CONTENANT, que par Contrat passé devant Bronod & son Confrere, Notaires à Paris le 19 Juin 1761. il leur a été concedé & abandonné en toute propriété à perpétuité, par le sieur d'Emery-François de Durfort, Marquis de Civrac, Maréchal des Camps & Armées du Roi, Menin

5

de Monseigneur le Dauphin ; & par Dame Marie-Françoise de Pardaillan de Gondrin d'Antin son Epouse, moyennant les clauses & conditions y portées, toutes les terres incultes, vaines, vagues, landes & marais qui dépendent & font partie de la Seigneurie de Certes, mouvante de Sa Majesté, dans la Sénéchaussée de Bordeaux, contenant environ deux cent quarante mille arpens ; qu'étant nécessaire de défricher & de déssécher ces vastes terreins, & d'y former les établissemens nécessaires pour les rendre utiles à l'Etat & au Public, ils ont besoin pour cet effet de toute la protection de Sa Majesté, tant par rapport aux Etrangers qu'ils se proposent de faire venir pour la culture de ces terres, que pour ce qui peut les regarder personnellement. Requéroient, A CES CAUSES, les Supplians qu'il plût à Sa Majesté approuver ledit contrat de vente, pour être exécuté selon sa forme & teneur ; leur accorder pendant quarante années, tous les priviléges & exemptions attribués aux nouveaux Cultivateurs & Déssecheurs de Marais ; ordonner qu'il ne sera payé pour droits de Controlle, que dix sols pour chaque acte qu'ils passeront, soit entr'eux ou avec d'autres Particuliers ; & que dans le cas où il seroit dû des droits de Centiéme ou demi-Centiéme Denier, lesdits droits ne seront perçus qu'à raison d'un denier par arpent ; que ceux des Associés qui ne seront pas nobles, seront exempts de tous droits de Franc-Fiefs, & ne sera payé non plus aucun droit d'Amortissemens ; ordonner pareillement qu'ils seront exempts, ainsi que les Acquéreurs ou leurs Fermiers, de toute augmentation de Tailles, Vingtiémes & autres impositions ; leur permettre de faire venir des Etrangers Catholiques Romains, pour la culture & défrichement des terres ; les exempter de toutes Tailles & Subsides, ainsi que du droit d'Aubaine, ensorte qu'ils puissent être regardé & traités comme Sujets du Roi. Vû ladite Requête, le Contrat de concession & abandon du 19 Juin 1761. ensemble l'avis du sieur Intendant & Commissaire départi en la Généralité de Bordeaux. Oüi le rapport du sieur Bertin, Conseiller ordinaire au Conseil Royal, Controlleur Général des Finances. LE ROY EN SON CONSEIL, approuve ledit Contrat du dix-neuf Juin mil sept cent soixante-un, portant concession de deux cent quarante mille arpens ou environ, dont la vingtiéme partie à titre d'inféodation, & le surplus à la charge d'un cens.

ARTICLE PREMIER.

Sa Majesté désirant encourager les défrichemens que lesdits sieurs de Sallignac & Compagnie se proposent de faire, ordonne, du consentement de l'Adjudicataire des Fermes Générales, que tous Actes par eux passés, soit entre Associés, soit avec d'autres Particuliers, relatifs à ladite entreprise, soient controllés, sans qu'il puisse etre exigé autres ni plus grands droits de Controlle, que dix sols par chacun Acte, de quelque nature qu'il soit, & que dans le cas où il seroit dû des droits d'Insinuation ou Centiéme ou demi-Centiéme-Denier, lesdits droits soient perçus seulement à raison d'un denier par arpent.

I I.

Ordonne Sa Majesté que, conformément à l'Arrêt du 8 Avril 1762. lesdits Sallignac & Compagnie ni leurs Fermiers, ne seront tenus de payer aucun droit d'Insinuation, Centiéme ou demi-Centiéme Denier, ni de Francs-Fiefs, pour les Baux par eux faits relativement à ladite exploitation, quoiqu'ils fussent faits pour un terme au-dessus de neuf années & jusqu'à vingt-sept années.

I I I.

Les Associés qui ne seront pas nobles, & leurs Cessionnaires, jouiront pendant quarante ans, de l'exemption des droits de Francs-Fiefs pour toutes les terres dépendantes de ladite Inféodation; & au cas qu'il soit établi dans lesdites Landes & terres défrichées, des Eglises paroissiales ou Chapelles succursales, il ne sera payé aucuns droits d'Amortissement pour raison dudit établissement, ni pour les donations, cessions & transports de biens-fonds destinés à l'entretien des Curés, Vicaires ou Chapelains desdites Paroisses & Chapelles.

I V.

Sa Majesté voulant faire jouir lesdits Sallignac & Compagnie des prérogatives accordées par l'Arrêt de son Conseil du 16 Août 1761. à tous les Entrepreneurs des défrichemens, pendant un tems proportionné à ladite exploitation, veut que, conformément audit Arrêt, lui, ses Associés, Acquéreurs & Fermiers ne puissent, à raison de ladite exploitation, être augmentés à la Taille, Vingtiéme & autres impositions, pendant l'espace de quarante ans.

V.

Les Etrangers employés auxdits défrichemens, jouiront des priviléges accordés par l'Édit de Henri IV. du mois de Janvier 1607. à ceux qui avoient travaillé au dessechement des Marais. Veut Sa Majesté qu'ils y puissent construire des Maisons, les habiter, cultiver des terres & y faire toute espéce de commerce; quoi faisant, ils seront tenus pour naturels François, & jouiront des mêmes droits, franchises, immunités que lesdits naturels François, après néanmoins qu'ils auront déclaré devant les Juges Royaux du Ressort, qu'ils élisent leur domicile & fixent leur habitation ordinaire sur lesdites terres nouvellement défrichées, & qu'ils auront pris un certificat desdits Entrepreneurs, énonçant qu'ils sont domiciliés dans l'étendue de leur exploitation; & lorsqu'ils auront travaillé pendant trois ans au défrichement desdites terres, ou de partie d'icelles, ils pourront se retirer dans tel lieu de la France, & y exercer telle profeſſion que bon leur ſemblera, ſans perdre les priviléges qui leur ſont accordés par le préſent Arrêt, ſur lequel toutes Lettres néceſſaires ſeront expédiées. Fait au Conſeil d'État du Roi, tenu à Verſailles le premier Juin mil ſept cent ſoixante-deux. Collationné. *Signé*, DEVOUGNY, avec paraphe.

Enregiſtré au Controlle Général des Finances, par Nous, Conſeiller ordinaire au Conſeil Royal, Controlleur Général des Finances. A Paris le huit Juin mil ſept cent ſoixante-deux. Signé, BERTIN.

Collationné à l'Original, par Nous, Ecuyer, Conſeiller-Sécretaire, du Roi, Maiſon, Couronne de France & de ſes Finances.
DE VILLANTROYS.

A PARIS. Chez PRAULT, Imprimeur, Quai de Gêvres, au Paradis.
1762.

www.ingramcontent.com/pod-product-compliance
Ingram Content Group UK Ltd.
Pitfield, Milton Keynes, MK11 3LW, UK
UKHW022130170726
13837UKWH00003B/1474

9 782329 259345